基督教文化研究丛书

主编 何光沪 高师宁

初编 第 **15** 册

圣约传统与美国宪政的宗教起源

汪正飞 著

花木兰文化出版社

国家图书馆出版品预行编目资料

圣约传统与美国宪政的宗教起源／汪正飞 著--初版--新北市：
花木兰文化出版社，2015〔民104〕
序4+ 目 2+128 面；19×26 公分
（基督教文化研究丛书　初编　第15 册）
ISBN 978-986-404-208-1（精装）
1. 宪法　2. 法制史　3. 基督教
240.8　　　　　　　　　　　　　　　　104002094

ISBN-978-986-404-208-1

9 789864 042081

基督教文化研究丛书
初编　第十五册
ISBN：978-986-404-208-1

圣约传统与美国宪政的宗教起源

作　　者　汪正飞
主　　编　何光沪 高师宁
执行主编　张　欣
企　　划　北京师范大学基督宗教文艺研究中心
总 编 辑　杜洁祥
副总编辑　杨嘉乐
编　　辑　许郁翎
出　　版　花木兰文化出版社
社　　长　高小娟
联络地址　台湾235 新北市中和区中安街七二号十三楼
　　　　　电话：02-2923-1455 ／ 传真：02-2923-1452
网　　址　http://www.huamulan.tw 信箱 hml810518@gmail.com
印　　刷　普罗文化出版广告事业
初　　版　2015 年 3 月
定　　价　初编15 册（精装）台币 28,000 元

圣约传统与美国宪政的宗教起源

汪正飞　著

作者简介

汪正飞，男，1970 年出生于安徽省歙县。独立学者，现居北京。

1992 年毕业于安徽师范大学历史系，获历史学学士学位；1997 年毕业于中国人民大学国际政治系，获法学硕士学位。1997－2001 年，供职华北电管局培训中心。2003 年考取北大法学院法学理论专业博士生，师从著名科技法专家罗玉中教授。2010 年博士毕业，完成国内第一篇研究圣约宪政主义的博士论文——《圣约传统与美国宪政的宗教起源》。

学术研究领域包括法理学、政治哲学及政治神学。

提　　要

本书以圣约宪政主义进路研究美国宪政的宗教起源，全文分为六个部分：

导论，这部分是对宪政概念的一般界说及文献综述，分为三部分。第一部分，宪政概念的一般界说，界定了与宪政有关的三个概念：宪法、宪政主义和立宪政府，并提出了宪政研究的两种不同视角——政治科学的视角和政治社会学的视角；第二部分，美国宪政起源研究的三种传统，分别探讨了自然法传统、普通法传统和社会契约论传统对于美国宪政起源研究的影响；第三部分，圣约宪政主义进路，概述对于圣约主义宪政研究中一些具有代表性的成果。

第一章，圣约传统的犹太教背景。圣约观念的产生有着强烈的犹太教背景，理解犹太教的神学特点有助于我们加深对改革宗圣约传统的认识。

第二章，加尔文主义和改革宗圣约传统的形成。本章探讨了加尔文主义与圣约观念复兴之间的关系。古代以色列圣约传统在十六世纪宗教改革中的复兴，主要是受到加尔文改革宗的影响。加尔文的预定论使得他的圣约观念更符合正统的基督教教义。

第三章，清教圣约神学与清教徒的"西奈圣约"。这一章探讨了清教主义圣约神学的理论来源，并对"五月花号公约"的圣约性质作了分析。清教主义的创始人诺克斯在接受加尔文预定论基础上发展出了一套反抗权理论，为清教主义圣约神学奠定了理论基础。正是在圣约观念的影响下，英国清教徒在北美订立"五月花号公约"，成为在殖民地建立政府的第一块基石。

第四章，圣约传统与美国立宪精神。本章探讨清教圣约主义和美国立宪精神之间的内在联系。通过缔结圣约共同体，圣约主义塑造了早期美国社会中的自由精神和宗教精神，这两种精神的结合为美国建立不同于欧洲的民主共和国提供了精神上的资源。

余论，关于美国宪政传统研究的几点思考。

宪政超验之维的开拓性探索——
汪正飞《圣约传统与美国宪政的宗教起源》序

范亚峰

2001 年以来，宪政研究从荒芜到成为显学，经历了极大的复兴，无论是译介，还是理论研究，乃至宪政理论在中国处境的原创都盛况空前。到 2012 年前后，以民间的宪政热，以及 2013 年官方舆论高调反击宪政话语为标志，宪政理论在中国大陆已成为影响中国政治变革的核心政治思潮之一。

宪政研究有三个层次，第一个层次是宪法文本和规范的研究，以宪法解释为重点，当前大陆的宪政研究由于宪法没有进入法律实践过程，宪法解释难以实质推进。

第二个层次是规则和制度的研究，制度经济学、普通法宪政主义进路等可以给立宪规则的积累、宪政的运行等提供丰富的启发，就此而言，当下中国的宪政研究在规则与制度层次仍远远不足，中国经济变革的丰富实践，以及快速、急剧转型的中国社会为宪政的规则研究提供了丰富的经验事实，我们却缺乏普通法宪政或规则秩序理论等进路的富于洞察力的学术著述。

第三个层次则是宪政的超验之维。宪政与文化的关系不可能是相对主义的，当下的所谓儒家宪政论者并未理解到现代宪政的两个核心特征，第一是自由价值，第二是宪政为一套制衡的秩序。而认为中国自古即有宪政，实则把宪政等同于政制。

现代宪政的产生奠基于基督教整合希腊罗马政制而形成的中古对立复合体，英美宪政的重要成果是在现代性的神圣与世俗、上帝之城与人间之城、精神与政治分化、瓦解、崩溃的大背景下，恰当整合五种元素：希伯来和基督教的自然法或圣约传统；希腊民主；罗马共和；英国的普通法宪政；法国人权，尤其在美国宪政中实现了成功的综合，现代宪政的这一成果不仅已扩展到全球，成为普遍的现代政制程序，而且有潜力在全球化进程中顺应后现代处境的多元主义文化挑战，建设世界宪政。就此而言，在现代性的理性与进化两大核心观念皆遭遇重大危机的背景下，宪政乃是现代性为人类文明所贡献的科技与工业之外的最为重要的遗产。现代宪政所奠基的神圣秩序，是大陆学界十分陌生的，仅有刘军宁先生寥寥可数的等学者注意到。所以，汪正飞博士的这篇论文，对于宪政的超验之维研究而言，乃是开山之功。

正飞兄是我安徽师范大学的本科校友，他勤勉刻苦，好学深思，本文不仅是正飞兄的学术成果，也是他心灵探索、寻求真理的足迹。

本书在讨论宪政的超验之维的领域中，以圣约观念为中心，这把握了犹太基督教的核心观念之一，使得其研究具有极大的挑战性。就宪政的观念和制度而言，圣约传统都有奠基性的贡献。以色列由圣约建构了十二支派的多中心秩序，到新约由耶稣身体所建立的基督教会，再到清教徒政治神学形成神人之约、治者与被治者之约的双重互约思想，上帝启示自上而下的纵贯轴为宪政的制衡思想提供了根本保证，这是中国文化的根本缺陷，也是当下所谓儒家宪政无法解决的根本难题。

本书在清教徒圣约神学与美国宪政关系的探讨中，提出圣约自由的精义之一在于自我限制。即"人类缔结圣约时，上帝部分放弃了对人类生活的控制，从而赋予了人类在圣约之下的自由。同样，人类也通过圣约而自我约束，这样一来，清教徒为圣约之下的自由而放弃了本性自由。因此，相互之间的自我约束是圣约自由实现的保障。"这一论述对于理解法律之下的自由，对于中国当下有法律无法治、有外在规范无内在规则有很大的启发意义。

本文存在一些重要的缺陷，值得提出与正飞兄商榷，以期在未来的研究中进一步完善。

本文在《导论》部分提出研究宪政的政治社会学的三种进路，即自然法、普通法，和契约论，其后另行提出圣约宪政主义的进路。这一立论过于仓促，难以成立。

首先，在西方政治学传统中，自然法和契约论传统属于政治哲学或政治神学的研究，很难将其视为政治社会学的进路。本文提出的圣约宪政主义在我看来，主要应视为政治神学的进路，而以政治社会学进路为补充。而论文中的主要内容，也是对圣约政治神学的梳理。

其次，圣约宪政主义本身即属于自然法传统，而自然法、普通法与契约论进路之间存在十分复杂的张力，很难把普通法视为一种独立的进路，西方学界近十多年兴起的普通法宪政主义研究进路强调正义观念、司法中心、自由传统，其实质是哈耶克的规则秩序理论的深化，以期整合超验之维和制度之维，但规则秩序进路本身的局限使其对政治神学对于宪政的贡献缺乏足够的洞见。

继本书之后，另一可以深入研究的领域，是中古教会及政治思想与圣约传统的关系。在沃格林看来，中古时期已孕育现代宪政的主要元素，包括选举、分权、精神生活与世俗生活的分离等。但现代宪政如何借助其后的清教徒圣约传统，有效解决了现代性灵知主义的局限，则是沃格林所估计不足的。可能正是在这里，隐藏着全新的可能性，即中国宪政汇入超验之维，以圣约传统建设中国宪政的公共秩序，整合中国人的心灵秩序、宇宙秩序，且承继包容包括儒家传统、共产主义新传统等，从而化解传统与自由、中国与世界的古今中西问题。

这是我们期待与盼望，是为序。

范亚峰

2014 年 10 月 31 日

目

次

导　论

导论分三部分，第一部分是对宪政相关概念的一般界说，第二部分是对美国宪政起源几种研究传统的概述；第三部分梳理了圣约宪政主义研究的相关文献。

一、宪政概念的一般界说

宪政学界有两种研究进路。其一是工具主义进路，认为宪政只是一套精密的装备，是一套不同文化中的人们经过反复操练，就可以熟练掌握的高级技艺。其二是文化进路，认为宪政不只是一套制度装置，它还与文化有关，不能脱离文化背景来谈宪政。宪政的文化进路并不排斥宪政在工具方面所具备的价值，但它更强调宪政本身的价值。在这种观点看来，对于西方宪政的理解是不能脱离其得以产生的具体语境。[1]宪政在西方文化传统中有自己的原始涵义，中国近代先进思想家在接受宪政观念时作了新的理解，这就使得西方宪政观念在中国发生了根本的变化。西方人追求的是宪政自身的价值，而在中国，宪政则成了人们追求国家富强的工具。这种语境上的置换消解了宪政本身的价值。

（一）二元论的宪政概念

在探讨西方宪政历史和文化传统之前，我们先来看几个与宪政研究有关

---

1 例如，王人博提出"语境转换"是近代中国宪政问题的核心，它决定了中国人对宪政价值和目标的选择无法直接模仿西方。在西方语境中，宪政价值和目标是宪政自身的价值，是西方人在历史和社会情境中选择的结果。参见王人博：《宪政的中国语境》，载于《法学研究》2001 年第 02 期。

的重要概念，以消除目前宪政研究中所存在的一些混乱。

第一个概念是宪法。在性质上，宪法同样是规则，是指规定公权的的渊源、目的、功用及其限制条件的成文和不成文的原则及规则的集合。[2]既然是规则，宪法与一般法律又有什么不同呢？仅仅从法学的观点看，宪法与一般法律的差别只是规范等级的层次不一样而已。宪法是一国的最高法律，是基本的规范性渊源，所有其他次一级的规范，例如法律规则、行政决议和各种条例等无不源于此。当这些次一级的规范不符合宪法时，各种司法机构（法庭或专门的宪法法院）就会宣布这些法律因违宪而无效。

从政治功能的观点看，宪法概念的特殊性还在于其背后所蕴含着的政治信仰表达。宪法既是一部宣言，又是一份组织机构图表或叫"权力图"。每一部宪法都是政治或意识形态信仰宣言和一个用法律术语表达、受各种约束力制约、规范化地包容在一个权利法案中的行动蓝图的结合。宪法正文大半用以论述制订、运用和审定法律规则及政治决定的专门方法。

正是宪法承载着这样的政治功能，在实际运用宪法时，宪法的渊源远远超出单一的成文文件。除了宪法性惯例、司法解释、一般律令之外，一国的文化历史传统及习惯也应当加以考察。

第二个概念是立宪主义（Constitutionalism）。有关宪法的两种不同观点同样体现在对于立宪主义这一概念的使用上。宪法的法律观点比较注重立宪形式，而宪法的政治观点则比较注重立宪实质。立宪的形式方面反映了对宪法的界定。例如肯尼斯·惠尔在《现代宪法》中强调了宪法是建立、管理或约束政府的规则。惠尔认为，在英国，这只意味着构成政府制度的法规和非法律规则的总和。

不过，在几乎所有的其他国家，这个术语却是指一些精选的纯粹法律规则，它们汇集于一个或几个密切相关的文件之中。在这个意义上，立宪主义只是指制定宪法（而不管这些宪法的内容如何）的实践。从政治观点看，立宪通常与有限政府原理联系在一起，学者视立宪主义为建立并推动某些政治制度的实践，它们通常含有保障政治或经济权利和自由的法案或宪章，以及旨在保护个人权利不受国家侵犯的其他结构性特征。

---

2 对于宪法、立宪主义概念的不同观点参见《布莱克维尔政治学百科全书》（戴维·米勒、韦农·波格丹诺编），第165-167页，邓正来主编，中国政法大学出版社，1992年第1版。

在以上有关宪法和立宪主义概念的不同理解中，隐含了两种不同的国家和公民关系观点。自由宪政主义者从公民在先出发，主张个人权利在先是不可变的，国家权力是消极的。在所有相互承接的历史阶段，宪政有着亘古不变的核心本质，它是对政府的法律限制；是对专政的反对；它的反面是专断，即恣意而非法律的统治。在现代，通过在国家政策的裁量事务上赢得主动权，人民代表又为宪政增补了"政治责任"的内涵。但是，真正的宪政，其最古老、最坚固、最持久的本质，仍然跟最初一样，是法律对政府的限制。"宪法限制"即使不是宪政最重要的部分，也毫无疑问是其最古老的原则。[3]

与此相对立，国家主义者主张国家在先，宪法被视为是关于政治统一体类型和形式的总体决断。德国宪法学家卡尔·施密特在其《宪法学说》一书中区分了绝对意义上的宪法和相对意义上的宪法。前者指具体的、与每个现存政治统一体一道被自动给定的具体生活方式，绝对意义上的宪法可以指一种根本法规定，亦即一个由最高终极规范构成统一、完整的系统。宪法概念的相对化在于，惟有宪法律概念才能根据外在的、次要的、所谓形式的"标记"来加以确定，对于整体的统一宪法就不能这样做。[4]

以上两种观点的共同点在于，它们都隐含了国家与个人的对立，这也是近代民族国家形成以来，主导欧洲、包括美国宪政研究的理论假设。从西方法律传统自身发展历史看，这种二元观与十六世纪开始的宗教改革有关。法律史家伯尔曼认为，路德的宗教改革通过使教会失去法律效能，打破了主张两种等级制度、两种正式的法律制度——教会的和世俗当局的法律制度——中世纪的二元论。在路德教立足之地，教会被视为一种无形的、非政治的、不具法律效能的组织；唯一的主权，唯一的法律（政治意义上），便是世俗王国或者公国的主权和法律。路德宗教改革不仅打破了在信仰上的天主教单一教皇体制，同时也使得国家在主权上扩展，中世纪隶属于各种团体的个人开始"原子化"，国家－个人的对立不断地被强化。伴随着启蒙运动对个人理性的无限自信，欧美基督教文明日趋世俗化。

3　〔美〕C·H·麦基文：《宪政古今》，第16页，翟小波译，贵州人民出版社，2004年版。

4　施密特对于制宪权的论述中可以看出他的"政治决断的"含义，参见施密特：《宪法学说》第八章"制宪权"，刘锋译，上海人民出版社，2005年版。

（二）宪政研究的两种视角：政治科学和政治社会学

从政体和社会的关系看，国家－个人二元对立的思维模式遵循的是宪政的政体论观点。政体论以当代西方政治科学背景，这种观点把宪政视为取决于人类理性能力的科学。[5]从政治科学的观点看，立宪政体可以通过人的意愿来设计：

从设计者的观点来看，这样的个人行为就是采取一种"自愿的"立场，按照这种立场，行为是人为的，是人类创造力的产物，而不论其中的因果关系规律是如何运作的。行为是我们所拥有技能的实施，而不只是环境力量作用的结果。与此相比，最大规模的社会设计包括为大的集体制定稳定的制度，例如起草宪法。在这里，设计者观点的复杂性得到了最充分的阐述和最明显的表现。[6]

从方法论看，设计论者实际上受社会契约论的影响较大。宪政政体论者试图通过设计一些政治制度来限制政治权力的行使，当制度得到适当的安排时，它们就能阻止这种企图沦为专横和主宰，其哲学基础是休谟关于人性无赖的观点。政治作家们已经确立了这样的一条准则，即，在设计任何政府制度和确定几种宪法的制约和控制时，应把每个人都视为无赖——在他的全部行动中，除了谋求一己的私立外，别无其他目的。

与政体论者的观点相反，文化论者认为，宪政不能脱离社会基础而存在，从根本上说，宪政只是社会的一部分，是体现社会价值的文化符号。在政体和社会的关系上，文化论者看到了社会与政体之间复杂张力。与古典政体论者不同，文化论者强调支持政体的原则。在宪政史思想上，文化论传统可以追溯到十八世纪法国思想家孟德斯鸠。在《论法的精神》一书中，孟德斯鸠区别了政体的性质和政体的原则：政体的性质是构成政体的东西；而政体的

---

5 立宪政治科学的主要任务是发展关于立宪政体的政治结构的理论。实现这一目标的第一步是阐明政治制度的作用和指导这些制度结合成有效整体的考虑——即是说，规定关于任何政体的政治结构的理论要素。在此基础上，可以发展一种关于立宪政体的实在理论。这是第二步。参见斯蒂芬·L·埃尔金：《宪政主义的继承者》，载于《宪政新论——为美好的社会设计政治制度》，〔美〕斯蒂芬·L·埃尔金卡罗尔·爱德华·索无坦编，周叶谦译，生活·读书·三联书店，1997 年版。

6 〔美〕卡罗尔·爱德华·索无坦：《宪政新论——为美好的社会设计政治制度》，斯蒂芬·L·埃尔金、卡罗尔·爱德华·索无坦编，第 7-8 页，周叶谦译，生活·读书·三联书店，1997 年版。

原则是使政体行动的东西。一个是政体的构造；一个是使政体运动的人类的感情。[7]

在三种基本政体中，共和政体的原则是品德。与政体论者的观点不同，这里的品德并不是关于道德的理性思考，而是人的感情，"品德，在共和国里，是很简单的东西，就是爱共和国。它是一种感情；而不是知识的产物。"[8]

孟德斯鸠所强调的恰恰是今天视宪政为科学的政体论者所忽略的。他们认为，即使历史上宪政政体与特定的品德、从而与特定的宗教学说有关系，那也只是非全涉的历史解释，并不意味着在哲学上二者之间有着因果关系。宪政的政体论者实际上是混淆了政体原则与政体价值是两个完全不同的概念。政体价值是从其自身引发出来的，而政体原则却是政体行动的源泉。[9]

如果说孟德斯鸠开创了政治社会学的研究方法，托克维尔则是第一位用这种方法来研究美国民主共和制度的宪政思想家。在考察美国社会时，托克维尔认为，有助于维护美国民主共和制度的原因，可以归结为地理环境、法治和民情。在这三者中，民情又贡献最大。托克维尔所说的民情比孟德斯鸠的政体原则范围更为广阔："它不仅指通常所说的心理习惯方面的东西，而且包括人们拥有的各种见解和社会上流行的不同观点，以及人们的生活习惯所遵循的全部思想。因此，我把这个词理解为一个民族的整个道德和精神面貌。"[10]

从政治社会学的视角看，宪政更多起着标识作用，这样的符号只有在其所衍生出来的社会中才有实质意义。基于这样的考虑，沃格林在考察英国宪政史时发现观念在制度上叠加而来的演变。在此研究基础上，沃格林提出了"政治连属化"的宪政理论：

7　〔法〕孟德斯鸠：《论法的精神》上册，第 19 页，张雁深译，商务印书馆，1961年版。

8　〔法〕孟德斯鸠：《论法的精神》上册，第 41 页，张雁深译，商务印书馆，1961年版。

9　例如，刘海波认为"道德哲学的内在探究方式，而在这任何语言当中都能进行。……我们接受某一种新的价值是因为至少它同我们最深层的价值不冲突。"《政治科学与宪政政体》，第 161-162 页，载于《宪政主义与现代国家》（"公共论丛"第七辑），生活·读书·三联书店，2003 年第 1 版。

10　〔法〕托克维尔：《论美国的民主》（上册），第 332 页，董果良译，商务印书馆，1991 年版。

现代宪政体制绝不是在制度的平台上演化而来的，而是由观念在制度上的叠置演化来的，这种叠置是在一个完全不同的情感和观念场域中逐渐出现的。我们可以把中世纪与现代制度的关系问题简单地表述为，产生于封建权力场域的制度构成了一个新的事实，促使那些使制度进一步朝宪法主义方向发展和解释的观念与情感得以兴起。[11]

因此，在沃格林看来，英国十三世纪之发展的重要性不在于自由权的授予，而在于它把参与政治过程的义务强加于更广泛的英国社会各阶层。这些强迫带来了处理国事的经验、共同行动的习惯、个人认为自己是社会等级之成员的感觉，相应地赋予了英国社会以令人震惊的政治行动能力。

宪政符号使得把英国宪政归于普通法那一套复杂技术的传统观点成了问题。沃格林认为，问题的关键不在于宪政技术——它们的重要性一般被估计得过高——而在于社会的连属化以及将各连属的部分整合进一个统一体中。因此，在政治身体之彻底连属化和明示之同意的意义上，英格兰政治早已达到一种高度的宪政性。对于沃格林来说，制度建设、包括附带的技术性措施并不是宪政主义的核心，这样，他就进入宪政研究的符号主义领域：

宪法主义一词，不是一个概念，而是一个符号，意指一个总体上连属化的体系，然而仅只把该体系的一些附带成分纳入其明确内容中。当这类符号得到清楚的阐述，这种阐述就显示出我们上文所说到的一种倾向：只看见那些适于制度运作的附带性技术设置，而忽略使制度运作成为可能的连属化。[12]

与孟德斯鸠对法律移植所持的怀疑态度相类似，沃格林对宪政的符号阐述否定了以工具模式来移植宪政制度的可能性：

由于在这种符号阐述中，我们着眼于工具方面而忽略了连属化，从而就导致了一个谬误，以为工具的模式可以从一个社会移植到另一个社会。在一定限度内，这种移植事实上是可能的，前提是一种模式被移植到某个社会，而这个社会碰巧有一种连属化，使移植可以变得可以接受。这样一来，就给"移植总是可能的"这一截然不同的错误意见披上了真理的外衣。把一套宪法引入一个国家，绝不保证这个国家就会产生宪政，这种引入或许会导致革

---

11 〔美〕沃格林：《中世纪晚期》，第145页，段保良译，华东师范大学出版社，2009年版。

12 〔美〕沃格林：《中世纪晚期》，第156页，段保良译，华东师范大学出版社，2009年版。

命性紊乱。[13]

　　沃格林的忠告正是今日中国宪政工具论者所要反省的，这也是托克维尔考察美国联邦制的结论。托克维尔注意到，联邦制度中并存两种主权使得联邦参与者之间的团结变得非常重要，否则联邦的公约会很快遭到破坏，墨西哥实行联邦制度失败的原因即在于此。托克维尔观察到，因为忽略宪法得以生存的精神，墨西哥人在照搬美国联邦制上陷入被动，他们的双重政府的车轮便时停时转。各州的主权和联邦的主权时常超越宪法为它们规定的范围，所以双方总是冲突。这种冲突的后果就是墨西哥长期处于无序化，陷于从无政府状态到军人专制，再从军人专制回到无政府状态的循环之中。

　　宪政研究的不同视角导致了学者们对西方宪政过程完全不同的解读。相比而言，政治社会学在视野上较政治科学更为开阔。以下将在政治社会学的框架下讨论美国宪政起源研究中几种占主导的研究进路。

二、美国宪政起源研究的三种传统

（一）自然法传统

　　在自然法传统看来，美国宪法之所以为美国人民所崇拜，原因在于其背后所表达的高级法思想，美国宪法代表了更高级的法：

　　仅仅因为宪法植根于人民的意志就赋予其至上性，这只是美国宪法理论相对新进的一种产物。在此之前，赋予宪法至上性的并不是其推定的渊源，而是由于其假定的内容，即它所体现的一种实质性的、永恒不变的正义。[14]

　　自然法传统假设存在一种法高于人间统治者的意志，从自然观点发展的历史看，这一传统又可以分为三个时期，即古典时期、中世纪时期和近代时期。

1、古典时期的自然法思想

　　自然法论者一般都把自然法思想追溯到古希腊、罗马时期。亚里士多德在《伦理学》中所提出"自然正义"概念概括了古典自然法的一般涵义，在政治正义中，一部分是自然的，一部分是法律的，——自然的是指在每个地

13　〔美〕沃格林：《中世纪晚期》，第156-157页，段保良译，华东师范大学出版社，2009年版。

14　〔美〕爱德华·S·考文：《〈美国宪法的"高级法"背景〉序言》，强世功译，生活·读书·新知三联书店，1996年版。

方都具有相同的效力，它并不是依赖于人们这样或那样的想法而存在；而法律的则意味着起初级可以是这样，又可以是那样。

依照自然正义具有普遍性的思想，古典自然法的思想不可避免地将合理的东西等同于人法中普遍存在的东西。根据古典自然正义的概念，爱德华·S·考文认为，人类统治者的欲望与法律理性之间的对立构成了美国人对分权理论的解释和整个美国宪法体系的基石。

在古典自然法观念的发展过程中，斯多葛主义起了很大作用。与后来自然法的涵义不同，他们非常强调自然法概念是一种道德秩序，人们通过上帝赐予的理性能力与诸神一道直接参与这种秩序。在斯多葛学派看来，自然、人性和理性是一回事。自然法观念经斯多葛主义的拓展和充实之后，由西塞罗将其恢复为世界性的法律和政治观念。现代的自然法宪政论者非常看重罗马法时期形成的"万民法"概念，认为其中包含了法律被"发现"的观点：

这种自然是从形而上学和伦理学的反思中演绎出来的，而与各个民族的法律体系中普遍的因素相一致。因而，作为一种法律观念，它出自伦理学的思辨，对于实证法来说，是目的论上先验的，它是通过对各个民族的法律体系的抽象研究而形成的关于实证法中法律的概念。这就形成了万民法。[15]

2、中世纪的自然法思想

不同自然法传统宪政学者在对中世纪自然法观念的解释上存在分歧。象罗门这样的学者比较倾向于托马斯·阿奎那的自然法思想来概括中世纪自然法的特点：

与实证法相联系的，总有一些"属于理性的东西"。圣托马斯由此涉及法律的性质。它们必须与共同体的生活有本质的关联。另一个方面，它又与社会伦理规范有区别，因为它指向外在秩序而与其相对。

基于每一实证法与自然法的这种内在联系，圣托马斯正确地得出结论，实证法不可与自然法相冲突。一旦它与后者相冲突，也即，与不变的规范相冲突，它就根本不是法律，不能约束良心。因为，法律的效力恰恰就在于良心承认对它的义务。[16]

---

15 〔德〕海因里希·罗门：《自然法的观念史和哲学》，姚中秋译，第26页，上海三联书店，2007年版。

16 〔德〕海因里希·罗门：《自然法的观念史和哲学》，姚中秋译，第26页，上海三联书店，2007年版。

　　罗门在托马斯·阿奎那的自然法思想中看到了中世纪自然法思想与近代唯理主义自然法思想之间的区别。"自然的道德律就是理性的某种判断，它显示出那些理性的创造者所命令或禁止的行为，因为理性之光可显示出它们合乎或不合乎人的本性自然；理性与此同时又判断，上帝要求它们符合自然：本质性存在于应对予以实现。就其本质和理智性内容而言，自然法绝对的依赖于神的理智；就其现实存在而言，则绝对依赖于神的意志。"[17]

　　罗门认为，从普芬道夫开始，近代自然法出现了不同于中世纪的特征。原因在于近代唯理主义使得对自然法的解释变成了从个人主义出发，来推导出全部的可能性。在神学领域中，这样的唯理主义自然法观念与自然神论相一致。

3、近代自然法思想

　　在研究宪政的自然传统中，学者们对近代自然法地位的评介存在很大分歧。与罗门把洛克看作个人主义自然法进路这一观点不同，考文和莱斯利·阿穆尔都认为：正是洛克把自然权利带到早期美国。在对十八世纪清教徒一些传道措辞所作的分析中，考文推论出洛克思想对于美国宪政起源的影响。考文提出，所谓的自然权利和社会契约、政府受制于法律和有悖于法律的措施不具有合法性、以及对非法措施的抵制权利，这些都是从《政府论》中传承而来。但是，有两个方面却有所不同。首先，一个经常背离洛克模式的地方在于它保留了被统治者和统治者之间订立契约的思想，这一思想非常适合于利用殖民地宪章作为地方自由权证明书的尝试。另外一个背离洛克的地方与其说是事实上的，不如说是表面上的，因为所有这些概念都是以宗教制裁为后盾。考文试图以洛克学说来解读十八世纪美国的清教徒精神：

　　十八世纪清教徒的上帝与洛克自然法的区别，通常看来只不过是名称上的不同而已。一位教士主张"自然的声音乃是上帝的声音"，另一位教士认为"理性就等于上帝的声音"，还有一位教士宣扬"基督确认了自然法。"所有这些观点都是彻头彻尾的自然神论；理性已经抢占了启示的地盘，但它没有公开侮辱对上帝的虔敬。[18]

17　〔德〕海因里希·罗门：《自然法的观念史和哲学》，姚中秋译，第59页，上海三联书店，2007年版。

18　〔美〕爱德华·S·考文：《美国宪法的"高级法"背景》"中译本·序言"，强世功译，生活·读书·新知三联书店，1996年第1版。

相比之下，莱斯利·阿穆尔则从洛克自然状态假设中所蕴含着的平等观来推论其思想对美国人政治观念的影响：

这些洛克学说的某些变体似乎对美国观念有着一种天然的吸引力。大多数美国人在 18 世纪的政治经历非常类似于大多数英国人的政治经历，而且，在不排斥其他各种解释的情况下，可以把美国革命解释为殖民地者要求享有与英国人同样的正常权利的活动。[19]

洛克之所以提出自然状态和自然权利的概念，目的是为了推演出他的平等观点，而这样的平等之所以可能，原因在于洛克认为它来源于上帝。阿穆尔认为，洛克之所以要提出自然法和自然权利等先验性的概念，并从逻辑上建构出一个"自然状态"，其真正目的是想描述人类的某种生活环境，这种生活环境是人类可以接受的，并且使人类在可能的生存条件下得到一定的满足。洛克并未从一些简单的预设中推演出他的整个理论，尽管他的确提出了一些基本命题，比如，所有事物都是平等的、人们有权拥有他们在其中注入了自己劳动的东西，等等。相反，他试图描述政治经验的复杂性，并提出一种使生活变得可以忍受的组织方式。

基于对洛克平等观的考察，阿穆尔提出，在洛克的自然权利和自然法理论中存在着不止一种"自然"观：

洛克理论中的一个最基本观念是：政治生活必须使参与者接受。然而，对洛克而言，可接受性具有两重含义。从表面上看，如果人们确实不愿改变某种政治制度，那么这种政治制度就是人们可以接受的。但是，可接受性同时还意味着在道德上可被接受——也就是说，这种制度必须符合人们的道德信念，这种信念关乎一个人对上帝的义务和对他人的责任，它也必须与道德上允许的生活一致。一个人必须既考虑到整个社会，又考虑到物质世界提供的自然环境的重要性。洛克的上帝代表了整体性要求。[20]

在阿穆尔看来，在很大程度上，美国宪法和宪法实践确实执行了洛克的计划。然而，二十世纪后研究清教徒圣约观的学者发现，洛克的影响只是非常

---

19 〔美〕莱斯利·阿穆尔：《约翰·洛克与美国宪政》第 16 页，载于《宪政的哲学之维》，阿兰·S·罗森鲍姆编，郑戈、刘茂林译，生活·读书·新知三联书店，2001 年第 1 版。

20 〔美〕莱斯利·阿穆尔：《约翰·洛克与美国宪政》，第 35-36 页，载于《宪政的哲学之维》，阿兰·S·罗森鲍姆编，郑戈、刘茂林译，生活·读书·新知三联书店，2001 年版。

间接的，清教徒政府的发展从未，也不可能依赖于约翰·洛克，其先人或其后辈政治哲学家的著作。因为他们领先于洛克两代人的时间——确切地说，有50年之久。的确，如艾拉扎所言，佩里·米勒已令人信服地证明了这一点：

清教徒的政治理论用其圣经解释和详细地阐明了清教徒的政府制度，并且确立了其正当性。而且其宪法至少比洛克早了一代人的时间。霍布斯和哈灵顿的同时代人首先阐释了该理论，但其固有的最初的内容却来自影响了伟大的政治哲学家们的同一种圣经上的，清教徒的和欧洲人的根源；并且被他们以一种准清教徒的方式转化。这种方式与政治哲学家将古典政治理论根本改变的方式相似。可见，在理论上和实践中，美国圣约主义和立宪主义都是建立在崭新和独立的经验基础上的独一无二的自我创造。同时，他们吸收了一种源自圣经的古老、经典和神圣的传统。[21]

难以满足社会利益一直是洛克派宪政理论的一个弱点，更不用说满足所谓普遍利益的要求了。从圣约共同体的视角看，洛克理论中的个体主义无法应对这一难题。为此，洛克试图引入自然神论者眼中的上帝作为不同利益者之间相互平衡的手段。

（二）普通法传统

在普通传统与自然法传统之间，存在着相互交叉的关系，因此，很难完全脱离自然法传统来谈论普通法的影响。[22]一个典型的例子就是柯克论技艺理性对美国宪政的影响。

1、柯克的司法技艺理性

考文认为，柯克对司法技艺理性的检查改变了自然法的观念。将"共同权利和理性"理解为"人为理性和法律判断"，"它使得十六世纪的法条主义和十七世纪的理性主义结成联盟，而当时结成的这一联盟至今于某种程度上仍然在美国宪法及其理论中起着主要的作用。[23]

---

21 〔美〕丹尼尔·艾拉扎：《基督教圣约传统》，第37页，曹志编译，载于《圣山》2007年第一期。

22 宪政学者秋风在对海因里希·罗门的自然法传统立场的研究发现了二者之间的关系：普通法与自然法有一种特殊的亲和关系，普通法始终在运用自然法。恰恰是普通法成了自然法的存身之所，并且只有普通法较为充分地做到了这一点。参见姚中秋："《自然法的观念史和哲学》译后记"，第275页，载于海因里希·罗门：《自然法的观念史和哲学》，上海三联书店，2007年版。

23 〔美〕爱德华·S·考文：《美国宪法的"高级法"背景》，第45页，强世功译，简而言之，共同权利和理性"就是某种永恒不变的最基本的东西，它就是高级法"。柯克反复强调这样的主张，即有悖于《大宪章》的制定法是"无效的"。在柯克的思想里，与此并存的是国王的特权要受制于普通法院所适用的普通法为他划定的界限这样的原则。

考文把柯克对美国宪法起源的贡献归纳为一下几项：

首先，他在 Bonham's Case 中的"附论"中提供了一种语辞形式，这种语辞形式最终经过一大批法官、评论者和律师，在不考虑柯克其它思想的情况下，进行专门阐释、从而成为司法审查概念最重要的一个源泉。

柯克的第二大贡献是他提出了基本法的概念。这种基本法既约束议会，也约束国王，而且这种法在很大程度上体现在一个特定的文件中，并将确定的内容寓于日常制度的习惯程序之中。

最后，柯克为美国宪法贡献了在法律之下的议会至上的思想。这种思想随着立法活动和法院裁定的分离，最终可以转变为在法律范围之内立法至上的观念，而这种法律又需要依法院裁定过程予以解释。

在柯克以后，普通法传统通过伯克、布莱克斯通以及大卫·休谟一直保存在下来，并对美国宪法的制定产生影响。

普通法的宪法概念是在长期的过程生活中得以确立的。在普通法传统看来，宪法不只是写在羊皮书上的条文。如果一部成文宪法持久存在，而其他绝大多数成文宪法却没有存在许久，那就说明这一文件成功地来自长期确立起来的各种习惯、信念、制定法和利益，并且反映了人们中的优秀分子业已承认、至少是默认的一种秩序。普通法宪政学者认为，宪法并不是创造出来的，它们是逐渐形成的：

美国宪法之所以至今已存在两个世纪，是因为它是从一个多世纪的殖民经验和若干世纪的英国经验的健壮根系中生长出来的。1787 年宪法在极大程度上正式表达了已为新的共和政体的人民所承认、实践和信奉的东西。一部宪法如没有深厚的根基，就根本不是宪法，因而就无法持久存在。实际上，宪法的绝大部份内容出自长期可行的政治惯例和妥协，而不是源自具有间隔特性的精巧而不切实际的各种理论。[24]

生活·读书·新知三联书店，1996 年版。

24 〔美〕拉塞尔·阿莫斯·柯克：《保守主义传统》，第 41-42 页，载于肯尼思·W·汤普森：《宪法的政治理论》，张志铭译，生活·读书·新知三联书店，1997 年版。

2、普通法传统的保守主义特征

普通法传统保守主义倾向来源于他们主张哈耶克式的进化理性观，反对洛克式的唯理主义观。纯粹理性（即带有大写的"R"的 Reason 一词）作为伦理学和政治学的指导，在十八世纪上半期居支配地位，而且虽然其他一些人把这种理性主义体系推向极致，但洛克却是其最大的拥护者。在对唯理主义进行批判时，普通法传统借助的是休谟的思想：

在该世纪中叶，纯粹理性再也没有从休谟机智灵敏的反驳中恢复过来，因此，绝大多数制定者在探求法律问题时都在寻求比抽象的理性更好的指导。美国宪法不会再洛克的契约理论中被制定，当然也不会再卢梭的契约理论中被制定，因为休谟已经摧毁了原始社会契约的概念。[25]

从进化理性观出发，普通法传统更看重传统和先例，这也是柯克以来的英国传统。尽管布莱克斯通在关于自然法的渊源上是混乱的，但他却教导说，良好的秩序产生于先例和惯例，这些也即伯克所谓的"英国人的特许权利"，即人身安全权、人身自由权和私有财产权组成的人的自然自由。然而，这些权利并非绝对是在没有任何限制的意义上使用的。如同布莱克斯通书中说："每个人都务必使自己遵守这些由共同体认可适当而确立的法律。"

普通法传统宪政学者不认为洛克式的自然权利的理论对美国宪政有多少影响。他们更多地把美国宪政的原理归结到英国的普通法，美国宪法不仅源出于十八世纪的英国宪法，更确切地说，它还模仿英国宪法的概念。

在普通法传统中，像拉塞尔·阿莫斯·柯克这样的学者强调信仰对于美国人政治生活的重要性。柯克认为，十八世纪最后二十五年那些思考着的美国人，实际上并不是在哪一个政治哲学家那里找到他们的秩序原则。相反，他们是在自己的宗教信仰中，在《钦定圣经》、《共同祷告书》以及许多人眼里的《清教徒前辈移民的进步》中找到他们的秩序原则，这也显示出普通法传统明显的保守主义倾向。

（三）社会契约论传统

1、社会契约论的"神义论"进路

"神义论"进路认为，社会契约论不是人义论，而是神义论，是最弱一

25　〔美〕拉塞尔·阿莫斯·柯克：《保守主义传统》，第46页，载于肯尼思·W·汤普森：《宪法的政治理论》，张志铭译，生活·读书·新知三联书店，1997年版。

种意义上的政治神学。[26]所谓神义论的问题，在西方基督教神学语境中乃是协调和解决如下一对矛盾：即世界上存在着恶这一事实与作为世界的创造者上帝的全能和至善这一信仰性预设的冲突。莱布尼茨在《神义论》一书中把这样把此问题归结为理性和信仰之间的关系。其实恶的起源在这奥古斯丁在《上帝之城》上册第十四卷已经得到了解决。奥古斯丁是在上帝预知的优先地位这一前提下来谈罪的起源的：

> 我们关于圣城的所有论断都必须考虑到上帝的预知和安排；一定不要假设那些我们所不知道的事情，因为这些事情在上帝的安排中没有地位。人不能用他的罪来干扰上帝的目的，也就是说人不能强迫上帝改变他已经决定了的事情。因为凭着他的预知，上帝知道由他本身创造出来的本性为善的人会变得何等的邪恶，也知道自己能从这种恶中兴起什么样的善。[27]

因此，在奥古斯丁看来，尽管人的意志与本性不符，而且与本性相悖，因为它是一种缺陷，但它无论如何属于有缺陷的本性，因为除了存在于本性之中它就不能存在。但它只能存在于创造主从无中造出来的那个本性之中，而不能存在于上帝创造他自身的本性之中。在对上帝的绝对主权和人的自由意志之间有了明确的区分后，奥古斯丁回答了恶的起源问题：

> 只有从虚无中创造出来的本性才会由于缺陷而反常。尽管意志作为一种归因于上帝创造的本性而存在，但它偏离于本性的原因在于它是从无中被创造出来的。当然了，人不会彻底偏离他的本性，以至于失去所有存在。然而当他转向自身时，他的存在与他依赖最高存在时的存在相比就变得不那么完全。就这样，抛弃了上帝的和依靠自身存在——亦即对自己感到喜悦——不是马上就失去所有的存在，而是变得比较接近虚无。[28]

因此，当人类试图凭借理性追问恶的起源时，这已经是归向了恶，理性最终是要在信仰之下来起作用的。奥古斯丁的态度符合使徒保罗对此问题的教导。保罗在回应对神创造主权的挑战时，如此教导，"神要怜悯谁，就怜悯

---

26 〔德〕莱布尼茨关于的神义论的详细阐释参见莱布尼茨：《神义论》绪论部分："信仰和理性的一致"，第34-101页，朱冰雁译，生活・读书・新知三联书店，2007年版。

27 〔古罗马〕奥古斯丁：《上帝之城》上卷，第603页，王晓朝译，人民出版社，2006年版。

28 〔古罗马〕奥古斯丁：《上帝之城》上卷，第603页，王晓朝译，人民出版社，2006年版。

谁；要叫谁刚硬，就叫谁刚硬。这样，你必对我说：'他为什么还指责人呢？有谁抗拒他的旨意呢？'你这个人哪，你是谁，竟敢向神强嘴呢？受造之物岂能对造他的说，'你为什么这样造我呢？'窑匠难道没有权柄从一团泥里拿一块作成贵重的器皿，又拿一块作成卑贱的器皿吗？（《罗马书》9：18-21）

　　不难看出，所谓的社会契约论神义论，其性质不过是唯理主义者的自然神论表现。司各特关于上帝"偶在性"的讨论只不过是自然神学在中世纪发展的第一步。[29]"神义论"进路把自然神论代替"三一"神，其真实意图在于试图以霍布斯的"利维坦"来取代基督耶稣的神格位置。

　　2、"利维坦"与主权国家

　　霍布斯心目中的主权国家具有一种绝对性、超越性，什么是利维坦？在霍布斯看来，利维坦就是绝对和正义这样的结合。利维坦的三个特点是：人造的人；有朽的神；骄傲人的王。这三个特点分别对应了基督的形象。利维坦等于人造的+有朽的+骄傲人=脆弱的。为了维持这样的王，霍布斯模仿犹太—基督教文明中的圣约传统，提出"信约"（Covenant）的概念；利维坦需要保护；需要相信。[30]如此，霍布斯就把犹太教——基督教圣约传统转换成了对绝对主权之崇拜的社会契约论传统：

　　进一步深入分析霍布斯契约论所使用的概念，可以更好地理解在整个契约论传统中霍布斯绝对主权学说的独特性。进一步深入分析主权的构成要素，可以更好地理解在主权的产生过程，人民的普遍同意如何凝结在统一的人格身上。从产生及定义来看，主权的构成是通过两个基本要素实现的：信约与授权。信约基于契约但又有所不同。契约是"权利的互相转让"，信约建立在契约的基础上。[31]

　　社会契约论的传统改变了西方传统的以《圣经》启示为基础的信仰关系，转而主张以个人权利取代对上帝的顺服和委身。政治神学者加瓦纳赫认为：

　　它排除任何真实的社会进程。对我们按着神的形象被创造而彼此委身和

29　司各特偶在性的要点被归结如下：上帝的创世活动是偶然的，其创造物乃是偶在的，上帝和造物之间的关系也是偶然的。这是一种对上帝及其造物的模型态化的理解，以承纳和包容更为丰富的偶然性和可能性，体现上帝的绝对权能。林国基：《神义论语境中的社会契约论传统》，第105页，上海三联书店，2005年版。

30　王利博士以基督教中三位一体的神作为利维坦内在特点的隐喻，提出利维坦＝耶稣基督，这确实揭示了霍布斯社会契约论的最终目的。

31　王利：《国家与正义：利维坦释义》，第37-38页，上海人民出版社，2008年版。

同工的共识，被另一种共识——个人权利或许是上帝赐予或许并不是上帝所给予的，但着只用来区分何谓我的、何谓你的，我们就是这种个人权利的载体——所取代。在上帝内和彼此之间的委身和同工，对契约的形式机械论是一个威胁，后者假定我们本质上是一个个独立的个体；只有对个人有利时，我们才彼此间形成关系。这种契约机械论的纯粹"形式"意义，是指它于神赐目的而言没有内在的关系，而只是作为手段来定义。国家从未能真正地将个人与群体联合，因为个人与群体只是通过个人／集合的二纬空间相关联，无法超越。[32]

契约纽带由于缺乏共同目的，必然遵循暴力的逻辑，绝对主权国家成了战争国家：

由于没有共享的目的，个人们借着契约的手段相关联。这假定存在一个保证人，靠强制力保证契约的履行。霍布斯当然明白这一点，而正如我们看到的，洛克亦设想国家前进的方向正是来自更大强制力的压迫。马克斯·韦伯正确地感觉到：现代国家不能以目的来界定，而只能以待定的手段即对强制力合法运用的垄断方式来定义……简言之，暴力成了国家的"宗教"，将我们一个个联合在一起的习以为常的驯化方式。[33]

3、契约论传统与美国宪政

霍布斯的契约论假定自然状态没有任何政治前提或约束。在这种状态中，没有权威、没有"我的"或者"你的"。霍布斯在对于自然状态中人的分析为政治研究确立了最低基准。加瓦那赫认为，霍布斯以利益计算来设计社会，其结局必然是导致人类的争斗而非和平。"这个思维－实验的计算结论是反意图的（counter-intentional）。每一个个人都追逐其自身利益，但得到的却是悲惨的现实。这种辩论可以说是提供了一个在人类社会建构中追逐无限私利缺陷的根据。无限制地追逐私利将导致人类斗争，而不是谋求和平并相互有意的关系。[34]

从积极的方面的看，霍布斯对于人性的理论在一定程度上影响了联邦党

---

32 〔美〕威廉·T·加瓦那赫：《神学政治的想象》，第 72 页，曹志译，载于《圣山》2007 年第 3 期。

33 〔美〕威廉·T·加瓦那赫：《神学政治的想象》，第 73 页，曹志译，载于《圣山》2007 年第 3 期。

34 〔美〕文森特·奥斯特罗姆：《美国联邦主义》，第 33 页，王建勋译，上海三联书店，2003 年版。

人对权力的看法。正是出于对人类天性不愿意被约束的担忧，联邦党人坚持建立具有全国性权力的联邦制，而非各个独立州所组成的邦联：

在统治权的本质中有一种对控制的急躁感，因而使那些受权行使统治权的人用一种邪恶的眼观来看待一切外来的约束或指挥其行动的企图。由于这种精神，在每个根据共同利益的原则由若干较小统治权组成的政治体中，在从属的轨道里会发现有一种离心趋势，由于这种趋势的作用，每个团体一直在力求脱离共同的中心。这种趋势是不难说明的。它起因于对权力的爱好。被约束的或被削减的权力，几乎经常是用以约束或削减那种权力的对手和仇敌。这个简单的道理将教育我们，作出这样的期望的理由是多么的不充分：受托管理的邦联某些成员的事务的人，将随时准备非常乐意、毫无偏见地关怀公共福利，执行总权力机构的决议或命令。由于人类的天性，往往产生与此相反的结果。因此，如果邦联的措施没有一定的行政机关的干预就不能执行，那么执行这些措施的前景是很渺茫的。[35]

另一方面，斯托纳认为霍布斯融入美国制宪者的宪政主义中是通过吸收自由主义资源和普通法资源实现的。霍布斯的政治科学启发了美国人的政治生活与政治学原理。平等、自然权利、代议等等概念长期以来构成了美国政治生活话语之一部分。

以上分别对自然法传统、普通法传统以及社会契约论传统三种研究美国宪政起源的进路做了简要梳理。这些研究进路的共同点在于，他们或多或少忽略了政体和社会的关系。正如美国当代宪法学家布鲁斯•阿克曼所言，他们照搬欧洲宪政历史的经验范畴，这样的后果使得美国的主流宪政研究长期以来不能揭示出美国宪政史不同于欧洲的特征。正是在这样的反思中，阿克曼提出了二元民主的模式。

阿克曼认为，美国现代学派的宪政学者都属于一元论模式。[36]在阿克曼的二元民主模式中，权利本位主义、历史主义、伯克主义、共和主义和自由主义尽管相互之间差别鲜明，但它们都借用了欧洲人的宪政历史经验，属于宪政的一元民主模式："就其根基而言，一元论非常明了，即民主要求将制定

35　〔美〕汉密尔顿、杰伊、麦迪逊：《联邦党人文集》，第76页，程逢如等译，商务印书馆，1980年版。

36　阿克曼对于美国宪政一元民主模式研究的概括参见《我们人民》宪政三部曲中的第一部《我们人民：宪法的根基》，第6-23页，孙力、张朝霞译，法律出版社，2004年版。

法律的权威赋予届时普选获胜的人们。这种选举至少同时也只有在自由和公正的条件下进行，而且获胜者不得试图阻碍下届选举的挑战。"[37]

与一元民主模式不同，二元论者强调对权利的司法保护要依赖于高级立法轨道上原有的民主支持："按照这种观点，二元宪法中民主是第一位的，权利保护是第二位的。持有偏见的本位主义者则颠倒了这一顺序。"通过与一元民主模式的比较，阿克曼指出了二元论模式所具有的意义，这种模式的意义更多在于提出了美国宪政研究的方向而非具体的研究进路。

就阿克曼所提出的二元宪法中民主和权利保护之间的关系而言，二元民主论模式也是本研究的立论基础。圣约宪政主义进路对联邦制的关注隐含了对于多中心权力秩序的追求。与以上三种研究宪政的进路不同，圣约宪政主义建立在犹太教－基督教圣约传统这一基础之上。

三、圣约宪政主义进路

（一）托克维尔的乡镇自治理论

1、政治社会学的分析框架

托克维尔的政治社会学研究在很大程度上延续了孟德斯鸠的进路。他首先把影响政体因素分为三个层次，即地理环境、气候和纯粹的社会因素。在社会因素中，最为主要的又是宗教和经济。托克维尔把风俗习惯和信仰归在第三种原因里。

按照雷蒙·阿隆的分析，托克维尔的政治社会学的基本论点在于，自由的条件是人的习俗和信仰，而习俗的决定因素是宗教。托克维尔认为美国社会就是能够把宗教意识和自由意识结合起来的社会。如果一定要找出美国的自由得以存在、法国的自由前途不稳定的唯一原因，那么托克维尔认为这是因为美国社会能够把宗教意识和自由意识结合起来，而法国社会则备受教会与民主、宗教与自由之间相互对立之苦的缘故。在托克维尔的政治社会学分析中，以宗教信念为基础的道德比惩罚性的纪律更为重要：

在一个想实行自治的平等社会里，每个人意识中都必须有一种道德纪律。每个公民都应当出自内心，而不仅仅是出于害怕受到惩罚而服从这一纪律。然而，在当时，托克维尔在这个问题上还是孟德斯鸠的学生，他认为比

---

37 〔美〕布鲁斯·阿克曼：《我们人民：宪法的根基》，第6页，孙力、张朝霞译，法律出版社，2004年版。

其他东西更能造就这种道德的信念就是宗教信念。[38]

正是出于这样的信念，托克维尔特别强调清教徒式的移民价值体系、他们的平等和自由这两种意义。托克维尔提出一个社会的特征是由它的起源形成的理论，并将其应用在对美国早期殖民地乡镇自治的分析中。

2、以缔结圣约建立社会

托克维尔在对美国殖民地各州形成历史的考察中发现，为美国民主共和学说奠定基础的是北方的几个英国殖民地，即在人们通称为新英格兰的诸州，而这些州的移民是有着良好秩序和道德因素的清教徒，他们具有创业的目的，来新大陆是出于满足纯正的求知需要，去使一种理想获致胜利。在对清教徒移民动力的分析中，托克维尔提出了清教教义和民主共和理论一致性的观点，"这些移民或他们自己喜欢称谓的朝圣者，属于英国的因教义严格而得名清教的教派。清教教义不仅是一种宗教学说，而且还在许多方面掺有极为绝对的民主和共和理论。"[39]

托克维尔注意到，清教徒建立社会的基础是在上帝面前订立公约。清教徒来新大陆，是为了按原来的方式生活并自由崇拜上帝。清教教义既是宗教学说，又是政治理论。在后来出版的有关新英格兰建立的回忆录中，托克维尔找到了订立的公约的一般方式：

我们，下面的签名人，为了使上帝增光，发扬基督教的信仰和我们祖国的荣誉，特着手在这片新开拓的海岸建立第一个殖民地。我们谨在上帝的面前，对着在场的这些妇女，通过彼此庄严表示的同意，现约定将我们全体组成的政治社会，以管理我们自己和致力于实现我们的目的。我们将根据这项契约颁布法律、法令和命令，并视需要而任命我们应当服从的行政官员。[40]

把这里所描述的公约与在北美建立第一块基石的"五月花号公约"相对比，不难发现，二者都是以在上帝面前缔结圣约的形式建立社会。

---

38 〔法〕雷蒙·阿隆：《社会学主要思潮》，第 251 页，葛智强等译，上海译文出版社，1988 年版。

39 〔法〕托克维尔：《论美国的民主》，上卷，第 36 页，董果良译，商务印书馆，1988 年版。

40 〔法〕托克维尔：《论美国的民主》，上卷，第 39 页，董果良译，商务印书馆，1988 年版。托克维尔所引用的是 1826 年在波士顿出版的《新英格兰回忆录》中的第 37 页。

3、乡镇自治与乡镇精神

通过订立公约来实现联合，托克维尔认为，这是在新英格兰殖民地所流行的可以称为人民主权的学说。个人之服从社会，是因为他明白与同胞联合起来对自己有利，知道没有一种发生制约作用的权力，就不可能实现这种联合。在托克维尔看来，美国乡镇自治是要解决公民义务和个人自由之间的关系问题，而处理这样的关系恰好是订立公约模式的优势：

在同公民相互应负的义务有关的一切事务上，他必须服从；而在仅与他本身有关的一切事务上，他却是自主的。也就是说，他是自由的，其行为只对上帝负责。因此产生了如下名言：个人是本身利益的最好的和唯一的裁判者。除非社会感到自己被个人行为侵害或必须要求个人协助，社会无权干涉个人的行动。[41]

托克维尔在这里提到了个人的行为须对上帝负责，他实际上是把公约签订视为订立圣约。在人民主权学说基础上，新英格兰殖民地建立了乡镇自治。托克维尔发现，在联邦的这一部分，政治生活始于乡镇，甚至可以说，每个乡镇最初都是一个独立国。托克维尔在对比法国村镇治理和美国乡镇自治时，发现了二者在政治地位上的差别。当时新英格兰的乡镇是从属的，但它们最初并非如此或几乎不是如此。它们并没有由别处取得权力；相反，它们好像把自己的一部分独立让给了州。托克维尔特别提醒他的读者要记住其中的重大差别。

在北美殖民地各州，与个人之间通过缔结圣约建立乡镇相类似，乡镇也通过缔结圣约的方式处理与州之间的关系。与州之间的关系乡镇一般只在为公益的利益上，即在各乡镇共享的利益上服从于州。乡镇在只与其本身有关的一切事务上仍然是独立的。因此，托克维尔认为，在法国，是中央政府把它的官员借给了村镇；而在美国，是乡镇把官员借给了州政府。

乡镇的自治生活产生了对乡镇的爱慕，养成了托克维尔所说做主人自豪感的乡镇精神。在托克维尔看来，新英格兰居民之爱慕乡镇，并不是因为他们生于那里，而是因为他们认为乡镇是一个自由而强大的集体。他们是乡镇的成员，而乡镇也值得他们精心管理。如果统治者不让乡镇强大和独立，他们从那里只会得到顺民，而决不会得到公民。于是，在美国的乡镇，人们试

---

41 〔法〕托克维尔：《论美国的民主》，上卷，第 72 页，董果良译，商务印书馆，1988年版。

图以巧妙的方法打碎权力，以使最大多数人参与公共事务。结果，选民的任务是经常开会审议乡镇的管理措施，而各式各样的官职，则独立于选民之外，在自己的职权范围内代表权力很大的乡镇自治体，并以这个自治体的名义行动！

正是在乡镇自治生活中产生了托克维尔所称的自由精神，居民在力所能及的有限范围内试着去管理社会，使自己习惯于自由赖以实现的组织形式，而没有这种组织形式，自由只有靠革命来实现。他们体会到这种组织形式的好处，产生了遵守秩序的志趣，理解了权力和谐的优点，并对他们的义务的性质和权利范围终于形成明确的和切合实际的概念。在托克维尔的宪政观中，这种从乡镇自治中产生出来的自由精神是建立自由政府的精髓：

乡镇组织之于自由，犹如小学之于授课。乡镇组织将自由带给人民，教导人民安享自由和学会让自由为他们服务。在没有乡镇组织的条件下，一个国家虽然可以建立一个自由的政府，但它没有自由的精神。[42]

（二）奥斯特罗姆的复合共和国理论

1、联邦制的圣约基础

奥斯特罗姆认为美国宪法中的联邦制是通过订立圣约的方式建立的："美国社会的秩序建构植根于在上帝面前相互订立圣约以建立民治国家的观念以及在遭遇未来紧急情况时根据这种观念行动的相互承诺。源于圣约传统的圣约思想与构建民治国家的思想相连。最后，订立圣约及把"我们自己联合在一起"的方式将法案、条例及宪法等公正而平等的法律形式体现出来。"[43]

奥斯特罗姆提出，美国联邦制中的核心观念是依赖订立圣约和把"我们联合在一起"的程序形成自治的关系社群。这些关系始于新英格兰队小镇，扩展至殖民地特许状、州宪法、《邦联条例》、《美国联邦宪法》及构成当代美国社会的新的秩序模式。

奥斯特罗姆注意到宗教观念与美国联邦制的关系，但他的神学观却带着很强的自然神学倾向，这反映在他对圣约的实际应用上，奥斯特罗姆反复强

42　〔法〕托克维尔：《论美国的民主》，上卷，第67页，董果良译，商务印书馆，1988年版。

43　〔美〕文森特·奥斯特罗姆：《美国联邦主义》，第55-56页，王建勋译，上海三联书店，2003年版。

调了"黄金律"在重要性，从而忽略了"三一神"位格上的超越性才是基督信仰的核心：

关键的观念是上帝和那些根据上帝的律法选择统治他们自己者之间的圣约关系。美国《独立宣言》利用犹太教和基督教所有点"人生而平等"的基本预设，以作为一种与犹太教和基督教一致的社会观念的基础。当"黄金律"被看作一种规范考察方法时，它开启了一条理解的共同之路、正义法律的发展之路、以及利用他人的资源增强我们自己对自身和我们生活的世界的理解，正是这些因素在圣约关系中连在一起赋予作为一种公共哲学——一种公民自治的社会中的形而上学——的美国联邦制以意义。[44]

在奥斯特罗姆对"黄金律"涵义的阐释中，圣约传统成了一种处理人际关系的伦理准则。但犹太教－基督教圣约传统在提出"爱人如己"这一"黄金律"时，乃是将其置于爱神这一命令之下的。[45]一旦缺乏敬神的维度，圣约进路只是为主张自然状态的社会契约论提供自然神论证，这正是奥斯特罗姆所理解的圣约秩序：

所有人生而平等的预设是以圣经传统为基础的，即在上帝面前人们处于根本平等的地位。这些预设为构建一种适当的圣约秩序提供了背景，它是这样的秩序，即订立圣约的人民选择以一种与"人们称之为上帝"的先验秩序以及作为忠诚于他们同上帝的圣约及尊重上帝造物的人民相互思想相一致的方式行动。换句话说，上帝的律法既是一种思考的方式，也是一种人们和睦相处的方式。[46]

在奥斯特罗姆那里，圣约脱离了对上帝尽责的内核，成了处理人际关系的一种方法、技巧，这导致了他的圣约观只不过是社会契约论的圣约形式表达："令人奇怪的是，作为一种基本道德戒律的'黄金律'并没有道德内容。它不是一个规则，更适当地说，是一种规范考察的方法，它能使人们对于用作选择的规范或准则的家孩子术语意义获得一种普遍共享的理解。以这种方式

---

44 〔美〕文森特·奥斯特罗姆：《美国联邦主义》，第52页，王建勋译，上海三联书店，2003年版。

45 实际上，耶稣的教导乃是"敬神爱人"。在律法师试探耶稣什么"律法上的诫命，哪一条是最大的呢？"时，耶稣的回答是："你要尽心、尽性、尽意，爱主你的神。这是诫命中的第一，且是最大的。其次也相仿，就是要爱人如己。这两条诫命是律法和先知一切道理的总纲。"《马太福音》（22：37-40）

46 〔美〕文森特·奥斯特罗姆：《美国联邦主义》，第60页，王建勋译，上海三联书店，2003年版。

看，'黄金律'可以说是既培育主权理论又培育宪法理论的智识基础。"[47]

因此，尽管奥斯特罗姆试图以圣约观来分析美国联邦制的起源，但从实际应用上看，他的圣约观已经偏离了犹太教－基督教圣约传统。与奥斯特罗姆的自然神论进路不同，丹尼尔·艾拉扎以犹太教为背景、分析了美国宪政的圣约起源。

（三）丹尼尔·艾拉扎的犹太教圣约宪政主义

艾拉扎在佩里·米勒和多纳德·卢兹等圣约宪政学者的研究基础上形成了系统的犹太教圣约宪政主义。

1、圣约治理模式

在政体的分类上自从亚里士多德以来，西方政体传统上的分类标准有两个：掌握权力的人数和统治者是否遵守法律。[48]艾拉扎的划分标准是以联邦党人在《联邦党人文集》第一篇所表述的：强力、机遇或者深思熟虑和自由选择。这三种行为模式分别对应着政治秩序中的等级制模式、有机体模式和圣约模式。[49]

A、等级制模式

政体一般以某种外在或内在的征服形式来建立，并被组建成多少有点军事组织特征的权力金字塔。统治者或者被统治者居于塔顶对其下被整合进权威和权力层且每层隶属于其上层的人们发号施令。在等级制中，行政活动凌驾于政治活动之上，政治采用宫廷政治的形式，即向统治者邀功争宠的斗争。这一切极少宪法化。但它若运用该形式，则由统治者向其臣服者正式颁发的宪章组成该宪法。军队达到了这种政治组织的顶峰。

B、有机体模式

表面上"自然地"生长，而在其上创建和组织的政体发展时，更有权力

---

47 〔美〕文森特·奥斯特罗姆：《美国联邦主义》，第62页，王建勋译，上海三联书店，2003年版。

48 从亚里士多德到孟德斯鸠的政体学说都是按照这种分类。韦伯的政体分类稍有不同。参见〔古希腊〕亚里士多德：《政治学》，吴寿彭译，商务印书馆，1996年版；〔法〕孟德斯鸠：《论法的精神》，上册，张雁深译，商务印书馆，1995年版；〔德〕韦伯：《新教伦理与资本主义精神》，于晓、陈维纲译，生活·读书·新知三联书店，1987年版。

49 艾拉扎对这三种模式的详尽分析，参见曹志编译："基督教圣约传统"，第42-43页，载于《政治神学文选》，范亚峰，2005年编。

或更有才能的领导者们在该政体的中心形成一个政治精英集团。他们对退到此政体边缘地带的大多数人实施统治。结果，有机体模式成了一种两个同心圆——中心和边缘的模式。其中处于中心者统治处于边缘者，即使后者有权选择谁居于中心。权力，要不就是权力与权威都集中于中心，所处中心者决定中心与边缘的联系。在有机体模式中，政治运动首先出现但它是一种俱乐部政治。行政源于此种政治活动并且确实行政部门的首脑也必须是该俱乐部的成员。在此范围内，宪法乃大量被接受的传统规则——涉及俱乐部和依靠它的行政部的运作。主张议会主权且被能进入该俱乐部之人支配的威斯敏斯特型议会至上主义达到了该模式发展的顶峰，行政部门亦由俱乐部成员领导且居于议会之下。

C、圣约模式

在一种迥然不同的基础上运转，一种母体——公共制度背景下一组同等的基本单元的图表现出其基础的典型特征。同等的个人或个人组成的实体以平等之地位，借圣约或政治协约联合而统一并建立公共统治制度。同时，不牺牲他们各自的完全，圣约模式才能铸成。就该母体模式而论，其宪法鹤立鸡群，因为它包含将个人或实体联合起来的协议，并建立了所有人一致同意的游戏规则。源于这种宪法的政治学是一种以谈判和协商为基础的平等人的政治。它旨在尽可能开放，其中所有的参与者预知将发生何事。行政活动因宪法的支持而具其权威，政治活动因宪法的支持而享其权力。这体系不是等级制的，即使特权阶级有时是其中一部分。它也不具有单一中心，却建立在多个中心的基础上，每个都得到了宪法的保护。联邦制度乃其发展顶峰。

2、以政治传统来整合圣约

丹尼尔·艾拉扎将圣约扩展到人类生活的各个层面，圣约不仅可以是观念、制度，而且还是一种文化，形成一种政治传统。圣约下的政治体因其融合而特别需要一种合适的政治传统。无论怎样，只要它们的政治传统依靠圣约观念和一种圣约政治文化，它们就是圣约下的政体。最重要的是，为圣约观点所浸透的各个人、各种文化和制度皆致力于一种思考和行动的方式。在艾拉扎看来，圣约模式成功解决了公共责任和个人自由之间的张力：

这种方式使人们能在一种适宜关系内互相依存又可自由地生活，既在一共同体中分担责任又可保证各自的完整，在某种合理的平衡中追求道德上终极理想又可追逐生存上的必需物质。每个双重性间的辨证性张力将此必要又活生生的特点挽加到以圣约为基石的社会中。这种特点使这样的社会既以圣约为基石，又被圣约所渗透。这种辨证性张力乃圣约制度内的一固有要素。不管怎样，只要圣约上的原则继续渗透和塑造与其相连的政体，该要素会为圣约制度提供必要的自我纠正机制，使其长期保持合理的平衡。[50]

在使用圣约传统这一概念时，艾拉扎所强调圣约只是人类生活处理关系的模式之一，它与另外两种模式之间仍存在着竞争性和替代性的关系。艾拉扎在对圣约传统的研究者中发现，存在等级和组织的观念、制度与圣约的观念、制度并驾齐驱并塑造了人类争竞的实质部分。通过对于人类不同行为模式的考察，这将有助于我们获得对人行为的更好理解。

圣约关系能处理所有种类的人类关系吗？艾拉扎认为圣约关系在人们中扩展的程度仍是一个悬而未决的问题：

> 既可能将因圣约而生的关系作为人类竞争中的稀有之宝来理解——它通过某种程度上有意识的和半意识的行为来达到平等和社会合作的层面。也可能视源于圣约的行为是一种人的精神需要——因此，至少在某些方面甚至在与其不同的等级制和组织制中它极广地扩展。当然上述两极之间仍有其他看法。[51]

现实表明，世界存在着等级制的、有机组织制的、圣约的社会－政治安排和该三者的结合。在艾拉扎看来，源于犹太教－基督教《圣经》传统的圣约模式乃扎根于个人的道德义务之中，这使得它得以产生摆脱人类行为中的生物性倾向，从而避免人类社会出现霍布斯式的人与人之间相互对抗的丛林法则。霍布斯理论是建立在对人性的生物－文化理解之基础上的，而圣约之道的目的就在于纠正这样的偏差：

> 在圣经的源泉中，我们应看到圣约与此方式或方法相关，即一种将圣约既具体化又进行调整的行为的生物－文化性基础。圣经强调二者的互动和一种约束、引导、修正的任务。现代世俗主义已停止对圣约之道的重视。它走得更远——因现代人理解的本性放弃此道，暗示生物至上、文化至上而圣约不值一提——若不经常改造圣约以与任何特定时代的人们理解的本性协调一

50 〔美〕丹尼尔·艾拉扎：《基督教圣约传统》，第 16 页，曹志编译，载于《圣山》
 2007 年第 1 期。

51 〔美〕丹尼尔·艾拉扎：《基督教圣约传统》，第 16 页，曹志编译，载于《圣山》
 2007 年第 1 期。

致，那么对本能过程的经常干预才是"真正的现实"。[52]

以圣约的维度为基准，艾拉扎对于当代政治理论提出了严厉的批判，认为很多理论在思考本性的过程中成为了更低级本性的代言人而拒绝更高级的本性。艾拉扎预言，如果任凭霍布斯的自然状态渗透进人类的生活，结果必定是毁灭性的，那将不仅是所有人互相对抗的战争，而且是所有人互相利用的剥削——与霍布斯式丛林并列的布伯式丛林。甚至当世界各国向某种秩序前进时，这些国家的社会结构正被圣约方式的对立面即无拘束的自我中心所撕裂。为了摆脱霍布斯丛林法则给人类带来的生存困境，艾拉扎提出了恢复圣约传统的主张，希望以此挽救人类免陷孤注一掷之绝境、避免人类在霍布斯式丛林自我中心主义时的无能为力。

3、犹太教圣约宪政主义

艾拉扎的圣约宪政主义是建立在守约人（Federal Man）这一概念之上的。孟德斯鸠提出共和国的原则是品德。同样，艾拉扎认为以订立圣约建立的社会中需要"守约人"，与此相对应的是"自然人"（Natural Man）。为了说明两者之间的区别，艾拉扎对比了《旧约·创世记》中以色列先祖雅各和他哥哥以扫的不同人格特征。[53]

在圣经的叙述中，浮躁、任性的自然人遭到抛弃，偏待的是带有自己的缺点和问题的守约人。在圣经中，守约人和自然人的最重要的范式是雅各和以扫。圣经对于雅各布和以扫的故事的处理意义深远，他们从娘肚子中就开始争斗。因为各自的方式象征着相互冲突武力和权威。面临的问题是一样的，既如何驾御和引导巨大的能量问题。雅各和以扫最后的命运不一样，雅各成了以色列先祖，以扫则被排除在以色列民族之外。

在艾拉扎看来，差别来源于二人的性格不一样。作为长子，以扫在个性上却很浮躁，不具备沉稳、深谋远虑的品质。雅各正好相反，不仅意志坚强，而且智高一筹、有谋略。而这却是和上帝缔结圣约所需要的。无论是在个人的、心理的方面，还是在公开的、民族的层面上的竞争，兄弟间的差别都引人注目。当然，雅各在个性上也有缺陷，他用诡计骗取以扫的长子名份和父亲的祝福。可在上帝看来，这样的不足是可以在改造的，后来的事实也是这

---

52 〔美〕丹尼尔·艾拉扎：《基督教圣约传统》，第 17 页，曹志编译，载于《圣山》2007 年第 1 期。

53 Daniel J. Elazar, Covenant & polity in Biblical Israel, volume I of the covenant Tradition in politics PP144, Transaction Publishers, NewBrunswick, New, Jersey, 1995.

样，雅各的聪明和狡诈被用于符合道德的目的。重要的是，雅各具备精明的特质。以扫似乎活跃，但不稳重。正是这样的缺陷导致了上帝没有拣选长子以扫。

上帝拣选了雅各，因为他能以圣约来约束自己，希望通过圣约式自由的制约来限制他的精明——与圣约一词相符的自由——而自然人除了武力外没有东西能约束他。艾拉扎以雅各的精明来说明上帝拣选他的理由，反映了犹太教在拣选这一教义上不同于基督教的观点。[54]撇开预定论这一神学问题不论，对守约的强调也是基督教圣约传统中所强调的。

艾拉扎宪政圣约主义的核心是以圣约来限权，圣约思想隐含了立约双方各自在意志上的让步，接受自我限制，这一点被艾拉扎看成内含了现代宪政思想的种子。自我限权不仅是上帝处理与人类关系上的特征，而且也可以被用来处理人类相互之间的关系：

它强调各方共同接受对权力的限制，这样的限制并非本性固有的，而是包含了意志上的让步。在圣经的世界观中，限权思想至为重要，而对于人类作为一个整体来说，它有助于解释为什么全知全能的上帝并没有在人类的事物中行使他的全知全能。通过与人类缔约，上帝至少部分地从对他们的生活的控制中退缩。按照圣约的条件，他赋予人类自由，保留圣约权威在未来的日子根据那种自由的后果来惩罚或奖赏。通过同样的记号，通过圣约来约束自身的那些人根据清教的条件接受了它的限制，为了与圣约的条件相符合，他们抛弃了自然自由，转向联邦自由。此外，在他们的管理权力中，人民的领导根据圣约的条件服务人民。宪政或有限政府的思想来源于圣约的思想。[55]

通过共同接受的限权，圣约模式成功解决了如何处理政治生活中权力和正义二者之间的关系问题。政治不能脱离正义，马基维雅利式的方法只能在短期内奏效，原因很简单，从长期看，卷入政治的每一个人都会逐渐懂得如何使用这些方法，他们又开始把竞技场变成丛林。对于一个良好的政治体来

---

54 基督教认为拣选不在于人的行为，乃完全在于神的主权。上帝之拣选雅各，并不是因为他精明、行得比以扫好，乃是上帝预定的旨意："双子还没有生下来，善恶还没有作出来，只因要显明神拣选人的旨意，不在乎人的行为，乃在乎召人的主。"《罗马书》（9；11）

55 Daniel J. Elazar, Covenant & polity in Biblical Israel, volume I of the covenant Tradition in politics PP1-2, Transaction Publishers, NewBrunswick, New, Jersey, 1995.

说，最关键的是发现一个合适的道德基础或根本，及以承认权力现实的方式来寻求它，这就是植根于圣约中的观念体系所最为关切的。通过订立圣约，政治的两面，权力和正义联系了起来，这在道德上和操作上都是有效的。

需要指出的是，无论是在缔结圣约性质的理解方面，还是守约人内涵的界定上，艾拉扎的圣约宪政主义都是建立在犹太教之上，其教义与十七世纪奠定美国立国基础的清教徒圣约宪政主义存在很大差别。在犹太教看来，上帝之所以拣选以色列人为选民，原因在于他们具有其他民族所没有的美德。因此，他们靠这出身就获得了天然的优越感，并且通过犹太教仪式而得以固定下来。犹太教圣约传统从双边关系来理解圣约，这与改革宗圣约传统有着根本分歧。

第一章 圣约传统的犹太教起源

本章是对圣约观念犹太教背景及其《圣经》起源的探讨。作为悠久的政治传统，圣约观念的产生有其犹太教背景和在《圣经》上的起源。作为一种有着深厚宗教背景的政治概念，圣约又与世俗的契约概念有着根本的不同。本章分为三节。第一节，圣约观念的犹太教背景；第二节，圣约观念的《圣经》起源；第三节，圣约与协约之比较。

第一节 圣约观念的犹太教背景

圣约传统作为犹太教和基督教共同的传统，都植根于《圣经》之中。在基督教信仰看来，因着基督耶稣道成肉身，上帝救赎人类的历史进入了新的阶段。因着耶稣作了更美之约的中保，新约取代了旧约。如何对待犹太教称为《摩西五经》"妥拉书"，这很大程度上影响了基督信仰对待福音和律法、恩典和行为的关系，从而也影响基督信仰对圣约观念的看法。本节把圣约置于犹太教这一信仰背景之中，力图通过对犹太教特点的解读，以期更好地理解圣约传统。

一、《塔木德》的教导性质

（一）形成历史

对于犹太教徒来说，《塔木德》和《妥拉书》（即希伯来《圣经》）一样，是规范以色列人生活各个方面的准则。《塔木德》不仅仅是一部知识的百科全书；而且也是对《密西拿》或《圣经》章节的逻辑特性所进行的持续，长期而又一贯的探讨研究。[56]

《塔木德》形成于以色列圣殿被毁以后的时期，是与以色列人国家遭毁灭、人民被掳的历史联系在一起的。公元前 586 年，南国犹大（Judea）——这里汇聚了留在迦南地点以色列人所剩下的全部——经历了一场浩劫。圣殿毁于废墟，祭奠由此终结，民族的精华沦为囚徒被领往巴比伦，而且"护卫长留下些民中最穷的，使他们修理葡萄牙，耕种田地"（《列王记下》，25：12）

根据柯恩的研究，以色列人编撰《塔木德》是为着民族生存的实际考虑。在以色列人的心目中，以摩西教导为中心的信仰是他们区别于周围民族的根本，这样一套由于意识到以色列人的与众不同乃是有赖于他们的宗教，而且他们的宗教又是以他们的圣殿为核心。他们便不得不扪心自问，究竟依靠什么手段才能保存这种与众不同的特征，既然圣殿已经被毁掉了，而寄居他乡的人民又面对着强大的异族影响。早期的以色列人并不是在后来人所使用的"律法"意义上来理解摩西的教导，在他们看来，"妥拉"书更是一部生活的指导书。

他们得出的结论也许可以用一个词来概括，即"妥拉"（Torah）。这个错误地译为"律法"的希伯来词其本义指的是"教诲、指导"。对于这些流离失所的人来说，这个词指的是从过去的岁月流传下来的整套教义——无论是成文的还是口头的。[57]

研究《塔木德》形成历史的学者们认为，在以色列被掳到巴比伦后，摩西的启示、先知的文字和"诗篇"成了他们在异族环境中不被同化的依靠。这些关于他们民族先前生活的古代文献构成了唯一的磐石，使得这些失却家园的以色列人能在异族环境中站稳脚跟，直到上帝送他们返回故土。因此，必须要使这些经典引起他们的注意并印在他们的心中，只有这样，人们才能记住，尽管他们身在巴比伦，但他们的心却不属于巴比伦，只有这样，他们才不会忘记他们担负着保持自己是一个与众不同的民族的神圣责任。

以圣殿为中心的信仰生活是以色列民族在被掳之后保持民族完成性的核心。犹太人必须要有一种宗教，它不仅始终要使犹太人不同于异族人，它还

---

56 对于《塔木德》形成的历史的概要介绍，参见〔美〕亚伯拉罕·柯恩：《大众塔木德》"导论"部分，盖逊译，山东大学出版社，2000 年版。

57 参见〔美〕亚伯拉罕·柯恩：《大众塔木德》，第 2 页，"导论"部分，盖逊译，山东大学出版社，2000 年版。

要恒常提醒犹太人，它们乃是犹太民族和犹太信仰的组成部分。犹太人不单单要靠一种信条，而且还要靠一种生活方式使之与其邻人界限分明。他们崇拜的方式要与众不同，即使是在日常的活动中也要有与众不同的特色以经常不断地让他们牢记自己的犹太属性。他们生活的一枝一节都要规范于《妥拉》——摩西法典的成文律例以及这些律例在这一民族共同生活之中的进一步发展，因为变化了的形式要求进行变更。在柯恩这样学者看来，理解犹太人的宗教是理解他们被掳后生活的关键，倘若不透彻地把握住这一观点，就不可能理解拉比们的心态，他们的行为以及他们解释《圣经》的方法，《塔木德》正是萌生于这一种子。

（二）《塔木德》的教导性质

正如柯恩前面所提到的，《塔木德》的性质是口传的"妥拉"，理解"妥拉"的"教导"性质对于梳理犹太教－基督教圣约传统非常重要。在基督教《旧约》圣经中，摩西的的"十条陈述"被翻译成了"十诫"，被当成了律法看待。

这样一部具有教导性质的经典在以色列人日常生活中地位如何呢？根据《塔木德》中对于以色列人生活各方面规范的详细记述，我们不难发现，这样一部口传"妥拉"，正如柯恩所揭示的那样，把道德与心智上的操守传给了已记不清多少代的民众，从而使一代代的以色列人规范于一种单一的理念模式之中——一种使人性获得高度纯化的模式。在这里我们看到了作为上帝的样子、照上帝的形象而存在的人在《妥拉》看来意味着什么。

不同于一般的行为指南，《塔木德》的主要特色就是它的辩论性，它反反复复的争辩。《塔木德》是开放的，它邀请读者参加到它的讨论之中去。在《塔木德》的记载中，文士对《密西拿》的分析是通过提出问题和解答问题的辩证式的探索来进行的，从而便产生出了各种命题和各种相反的论证。这种辩论性给《塔木德》给犹太人生活所带来的影响远远超过一本普通的作品。正如柯恩所表明的那样，对它更仔细地阅读，便会发现《塔木德》所展示给我们的并不是已经完成的定论，而是对于一个论题的某些要点所提出的一些心得。这些心得使我们可以对争论的事由和问题以及对提出的事实和对这些事实的利用进行重新的构建，其结果就是当我们把握了这份文献的时候，我们同时置身于它的规则之中，加入了它的论证之内。

在《塔木德》于公元 600 年左右正式完成之后的许多世纪中，它成了犹太教独一无二的权威著作、神学的源泉，以及规范上帝所至爱着的圣洁的以色列人之信仰和社团的律法，而无论他们身居何方。即使是在今天，《塔木德》仍然规范着犹太教徒生活中最重要的方面。根据柯恩的概括，在以色列人的生活中，《塔木德》主要在以下几个方面发挥着作用：

第一，这样经典为以色列民众到今天为止一直所使用的生活指南，它为这群民众界定了重要的一切：秩序问题，真理问题，意义问题，目的问题。

第二，更重要的是，整个犹太教社会——也就是《妥拉》所构建的社会——就是从《塔木德》中找到了思维和求索的方式，秩序和价值的媒介，而正是这些指导了人们如何去处理公共事务和个人生活。

作为对"妥拉书"教导的诠释，《塔木德》在以色列人社会生活中起到传递上帝旨意的功能。对此，柯恩总结道，"它是一部面对大众，具有政治色彩和社会意义的文献汇编，其姓名已不可考的编纂者们的意图是用通过在此时此地构建一个上帝王国的方式去确定公众社会的生活，而这个上帝的王国就是以《摩西五经》为开端的《妥拉》作为上帝的旨意而为神圣的以色列民所记载下来的。"[58]

二、犹太教的三个层次

当代犹太教学者马丁·布伯认为犹太教的真正任务有三个：显示出人与上帝之间的对话关系；确立精神生活和世俗生活的统一；使我们与万物的关系变得圣神和圣洁。[59]了解犹太教信仰的分层有利于我们解读圣约的性质和地位。

（一）人与上帝的关系

犹太教的宗教信仰的基础是人与上帝、与永恒的"你"之间的对话关系。在希伯看来，以色列民族对《圣经》信仰的历史是一种活生生的传统，是上帝与人之间的一种对话的历史。从亚伯拉罕被召到上帝面前，到摩西在西奈山上与上帝的对话，再到众先知，都是上帝与人之间的对话的历史展现，都是上帝与人之间的对话的历史展现。而在基督教中，我们可以相信上帝的

---

58 〔美〕亚伯拉罕·柯恩：《大众塔木德·序言》，x，盖逊译，山东大学出版社，2000年版。

59 〔美〕马丁·布伯犹太教思想的介绍参看刘杰：《在哲学和宗教之间——马丁·布伯的哲学和宗教思想简论》，载于马丁·布伯：《论犹太教·代译序》，山东大学出版社，2002年版。

存在，但上帝并不与我们面对面地相处。……犹太教的基本教诲就是：我们的生活是"上天"与"尘世"的对话。

（二）精神生活和世俗生活的统一

犹太教的第二个任务涉及"精神的和世俗的统一"问题。布伯认为，对古犹太人来讲，不存在宗教精神生活与世俗生活的分离问题。古犹太人的生活就是其信仰的具体体现。但在现代世界上，无论是基督教徒，还是现代犹太人，他们的信仰和生活却是分离的。

（三）神圣和圣洁

使以色列民与万物的关系变得神圣和圣洁是犹太教的第三个任务。布伯认为，古老犹太教教诲的一个突出之处，就是号召以色列百姓使世间万物变得神圣起来。《圣经》并不揭示上帝的本质，而是揭示上帝向百姓的显现，它处理的是人间的事务。因此，启示就意味着责任。具体说来，就是以色列民族有责任使世间的一切成为神圣的，因为这是上帝的旨意。人和世界的意义是通过这种种神圣化活动实现的。也正因为如此，犹太教才强调"行动"。"做"比"体验"更重要。犹太教的核心不是信仰，而是行动。

那么，犹太教的本质是什么呢？布伯认为，以色列人首先必须把犹太教作为"宗教实在"的一种现象来对待。这一宗教实在在犹太教中并通过犹太教彰显出来；事实上，犹太教就是为了这一实在的缘故而存在的。

三、犹太教的上帝观

（一）犹太教中的宗教仪式和宗教行为

犹太教不同于基督信仰的根本之处在于，他们不接受上帝三位一体的教义。在犹太教徒的信仰生活中，他们缺少关于圣子基督耶稣的教导，这也决定了犹太教圣约观的神学基础完全不同于基督教。当然，犹太教上帝观同样具有内在性和超越性，这一点又区别于后来自然神论者的上帝观。

在犹太拉比的教义中，上帝与世界的关系是怎样的呢？上帝是被认为超然并远离于他多创造的万物呢，抑或是贴近万物并与它们息息相关呢？柯恩认为，答案在于这两种观念的结合：

拉比们并不认为这两者矛盾或彼此排斥，而认为它们是互为补充的。但拉比们思考上帝那难以言喻的威严，无可挑剔的完美以及不可限量的能力时，他们毕恭毕敬的把上帝描述为离有限世界的距离是远不可测的。然而，他们同时也意识到对于正在与生活艰辛搏斗，正在困惑与挣扎中渴望能有一位救星，一位安慰者和一位向导来与之沟通的人类来说，超然存在的上帝是于事无补的。因而，他们强调上帝存在于万物之中并且离那些虔诚地呼唤他的人很近。[60]

犹太教这样的上帝观决定了他们对于上帝与人之间关系的看法，进而影响到他们的圣约观念。现代犹太教拉比利奥·拜克认为："从对上帝的信仰产生了对人的信仰。上帝创造了我们，上帝与我们同在，我们这样做是为作为自由、独立有伦理行为的人。虽然犹太教把人看作是自由的和独立的，但是人并没有与上帝完全分离，也没有完全外在于上帝。"[61]这样的上帝观点与基督耶稣时代恪守律法却忘记了公义的法利赛人和文士的观点有很大不同。这一点也是我们今天理解犹太教圣约观所要注意的因素。

与任何真正的敬虔信仰一样，犹太教也区分了信仰仪式与生活中虔诚的不同，这一点清晰地体现在布伯对虔诚（Religiosity）和宗教（Religion）所作的区分中：

虔诚是一个人对奇迹和敬慕的感觉。它是一种永远不断的重生，是对他感情的重新阐述和表达，而这种感情超越了其有条件的存在，然而仍是从这种有条件的存在的核心喷发出来的，因此还是存在某些无条件的东西。虔敬显示了他渴望与无条件者建立一种活生生的交流关系，显示了他有意通过其行动去实现无条件者，把无条件者弄到人间来。宗教是某个民族生活的某一时期中的虔敬所阐述和表达的各种习俗和学说的总和；宗教的规定和教义是严格确定的，并作为具有不变约束力的东西传给了所有的后代，而不管他们新确立的追求新形式的虔敬是什么。只要宗教是有创造性的，它就是真的……[62]

一旦宗教仪式和教义脱离了其生活的内核而变得僵化，这时候就会出现宗教教条化问题，以至于虔敬不能改变它们，或不再想遵循它们。此时，宗

60〔美〕亚伯拉罕·柯恩：《大众塔木德》，第47页，盖逊译，山东大学出版社，2000年版。

61〔德〕利奥·拜克：《犹太教的本质》，第133页，傅永军、于健译，山东大学出版社，2002年版。

62〔德〕马丁·布伯：《论犹太教》，第73页，刘杰等译，山东大学出版社，2002年版。

教就变得不具有创造性，因而也不是真的了。所以，虔敬是创造性原则，而宗教是组织性原则。由此，布伯认为犹太教徒的行为不是道德行为，而是宗教行为，如果仅仅把犹太教中的决断行动看成是一种道德行为，那么它的意义就被歪曲了。它是一种宗教行为，或者说它就是宗教行为，因为它是上帝通过人的实现。从实际应用上看，布伯所界定的宗教行为类似于基督信仰中出于信心的行为。只不过在前者看来，这样的行为更多发源于人和上帝之间交流的神秘体验中。

（二）虔敬的三个层次

在对虔敬做了这样的阐述后，布伯进一步探讨了实现虔敬的三个层次：[63]

在第一个也是最初的一个层次上，决断行为被认为是通过模仿而到达上帝的实现。在第二个层次上，决断行动被看成是通过强化上帝的实在而达到他的实现。人在世界中实现上帝越多，上帝的实在就越大。在第三个层次上，上帝通过人来实现的思想被以下这个思想加以扩展：即人的行动影响上帝在地上的命运。

在以上所有这三个层次中，布伯概括出了一个共同的概念，这个概念在犹太人的虔敬中是内在的——人的行动的绝对价值概念——这个价值不能用我们关于这个世界的贫乏的因果知识来加以判断。在犹太教信仰中，布伯认为，内在敬虔是把人带到上帝面前的关键所在。在其行动的无条件中，人体验到他与上帝的交流。对那些懒惰的人、无决断的人、昏昏欲睡的人、陷入自我设计的人来说，上帝才是一个超越这个世界的不为人所知的存在；对作出选择的人、作出决断的人、执著的追求目标的人、那些无条件的人来说，上帝是最密切、最熟悉的存在，是人通过其行动不断地加以实现的存在，人因而体验到所有的神秘。上帝是"超越的"还是"内在的"，这并不取决于上帝，它取决于人。

对于犹太教虔敬观的把握是本文探寻犹太教圣约传统与基督教圣约传统之间传承关系的关键。对于基督信仰而言，无论是《新约》里、还是在《旧约》中，信仰的根本点都可以归结到上帝和人的这一约定上，"我要做你们的上帝，你们要做我的百姓。"在上帝和他子民订立永远圣约这一点上，我们看到了犹太教和基督教之间的内在一致性。另一方面，基督耶稣的道成肉

---

63 对这三个层次详细的了解，参看〔德〕马丁·布伯：《论犹太教》，第 76-78 页，刘杰等译，山东大学出版社，2002 年版。

身又使得基督教的圣约观念在涵义上发生根本性转变。为了成就救赎，耶稣被钉十字架，然后又复活、升天，这样的历史事件从根本上改变了律法和先知时代上帝和人之间所立圣约的内容，西奈摩西中保之约现在为耶稣基督这一中保之约所取代。基督耶稣集君王、祭司和先知三种角色于一身，西奈圣约已为新约所取代。

第二节　圣约观念的《圣经》起源

一、《圣经》的政治主题

（一）政治的主题

圣约传统研究专家丹尼尔·艾拉扎概括了圣约政治的双重性，圣约传统同时注重政治追求权力的一面和政治追求正义的一面，并力图通过订立圣约来整合二者。在具体的政治过程中，圣约关注以下三个主题：

1、追求政治上的正义以达成好的政治秩序；

2、寻求对政治权力及其行使的经验现实的理解；

3、通过政治社会和政治社区以发展出能对前面两方面进行整合以产生良好的政治生活的合适文明环境。

根据这样的划分，艾拉扎提出从三个维度对圣约进行研究，即作为政治概念化的一种形式和政治表达的模式、作为政治神学的资源、作为塑造政治文化、制度和行为的变量。由于圣约同时涉及政治的三个不同维度，圣约观念深刻地改造了现实政治。作为政治神学的资源，圣约塑造了世界观或者整体社会的视野，界定了公民性格和政治关系，成为检验合法性、甚至常常是政治制度和那些使得它们运作的那些人们有限性的标准。在这三者中，圣约最为重要的作用在于，它是塑造政治文化、制度和行为的一个变量。

（二）圣经的政治目的

在圣约传统中，《圣经》的政治性首先是通过塑造犹太人的日常道德生活来实现的。无论是犹太教、还是基督教，都把《圣经》看作是一本教导人如何行善、过圣洁生活的书。正是在这个意义上，《圣经》可以被称为"道德科学"：

《圣经》独特的视角在于，如果我们期望把看待事物的进路"翻译"成大体上类似于现代学术术语某个概念，人们可以称它为"道德科学"。因为它体现了从历史事例中发展出基本道德原则的努力。[64]

按照艾拉扎的理解，这样的教导可以分为两个层次：

1）为达成一个弥赛亚时代提供基础；2）它讨论直到那时生活在社会中的更实际的问题。就圣经自身的术语而言，任何有关良好生活的教导必须包括有关良好共同体的教导。在犹太教圣约传统中，理解《圣经》非常重要的一个途径在于了解它的政治性。

（三）《圣经》的政治阅读

在希伯来圣经的典籍分类中，《摩西五经》被称为"妥拉"，意即"教导"。拉丁文《圣经》将摩西的"十条陈述"翻译为"十诫"，在犹太人看来，这已经偏离了其最初涵义。

从犹太教圣约传统中，《圣经》教导的特征植根于圣约主义之中。艾拉扎将圣约主义的特点概括为一种棱柱体式的思维，"以圣经为基础的思想最好被理解成棱柱体式的，也就是说，折射出了对于同一个既是固定的、又变化着的真理的内核，有着几近于无限量的观察视角。"[65]棱柱体式思想的显著优点在于，它反映了现实的复杂性。与体系哲学相对照，对圣经所作棱柱体式的解读，分析到最后，也是一个美学上的主题。对圣经中政治的讨论主要围绕着有关政治关系方面的问题。以希腊术语来说，它关注对于在神人之间恰当关系的建立。从现代宪政研究的角度看，"妥拉书"所关注的是最好宪法的问题。

根据对《圣经》所作的圣约主义理解，艾拉扎认为，在古以色列，"妥拉"也是表示宪法的术语。在其最为贴切的用法上，《妥拉书》包括了摩西五经——希伯来圣经的前五卷。前四卷合起来可以被看成一个宪法性文件。它带有一个很长的历史性介绍（创世记），一个序言、圣约、和一套根本的法律（《出埃及记》、《利未记》），和一个历史性结语（《民数记》）——包括了以色列人（以色列／雅各的子孙，是以色列民古代的名字，体现了政治组织家族性和联邦性的双重性质）在沙漠经历中生产出来的后加的根本法律。《申命记》以更加系统化和更准确的宪法形式，重申了其他四卷书的教导。在使宪法适

---

64 Daniel J. Elazar, Covenant & Polity in Biblical Israel: BIBLICAL FOUNDATIONA & JEWISH EXPRESSIOONS, pp63, New Brunswick (U.S.A.) and London (U.K.), 1995.
65 Daniel J. Elazar, Covenant & Polity in Biblical Israel: BIBLICAL FOUNDATIONA & JEWISH EXPRESSIOONS, pp56, New Brunswick (U.S.A.) and London (U.K.), 1995.

用于应许之地的定居生活时，后来的以色列人做了最终的增加和修订。

在教会历史上，基督教和犹太教的关系一直处于紧张之中，其部分原因在于二者对于旧约"摩西五经"的性质在理解上存在差异。很多时候，基督信仰对于犹太教徒的看法受到《新约》圣经中记载的假冒为善、徒具律法形式的法利赛人和文士形象的影响。随着对犹太教圣约传统研究的不断深入，基督徒越来越认识到犹太教中的"妥拉"传统。基督教和犹太教之间所存在的独特关系是由圣约纽带联系在一起的。

二十世纪中叶以后，罗马天主教开始尝试着与犹太教作出直接的和解。教皇保罗二世在 1982 年的一次讲话中清晰地表明了二者之间的这种关联。1985 年，在由梵蒂冈签发的"有关罗马天主教会在布道和教义中、正确对待当今的犹太人和犹太教的注释"演讲中，保罗二世重复了这一主题，"在他们身份这一层次上联系在一起"（约翰·保罗二世，1982 年 3 月 6 日）——"建立在上帝的圣约这一图景之上的"（同上）的关系，犹太人和犹太教不应该只在教义中占据偶然和、边缘的位置：他们出现在那里是基本的并且应该被有机地加以整合。[66]

回到犹太教圣经传统，我们发现几个在一定程度上普遍出现于基督教的支配性主题已经失去了他们在犹太教中所具有的重要性。这些主题的缺失常常弱化甚至扭曲了教会的自我理解。在这些主题中，鲍力克沃斯基（Pawlikowski）认为，第一个就是犹太教中共同体的成员感。犹太教中有一种强烈的感受，个人的得救必须让位于人类的得救。只有在整个人类家族达到了其救赎上的完全时，单独的个体才能在个人意义上考虑完全得救。成员感是西奈圣约传统——这里，上帝显现给摩西是为了整个人类的利益和使命，而不是简单地为了个人的好处——的一个完整的组成部分。在犹太教的传统中，个体得救的观念是不被接受的，他们对于整体得救的强调为反思基督信仰中的个体主义进路提供了机会：

当我们考察基督教历史时，我们发现，基督教信仰常常堕落成一种几乎是排他性的个人意义上的神－人相交。个人得救取得了它在圣经犹太教中从来没有过的优势地位，这对耶稣（或者对保罗来说，与后来对他思想的阐释

---

66 Origins 15 (July 4, 1985) came from John T. Pawlikowski, The Jewish Covenant: Its Continuing Challenge for Christian Faith, pp113, from The life of Covenant: The Challenge of Contemporary Judaism, Edited by Joseph A. Edelheit, 1 Spertus College of Judaica Press, 1986.

相反）来说，也从来没有过的。基督信仰的这种个体主义进路常常伴随着一种脱离世俗的\非历史的（甚至有时是反历史的）对于属灵事务的解释。对于基督徒来说，这个世界常常变成了一个他们渴望逃避的地方，而不是他们作为一个整体被呼召、与他们的犹太教同伴一起来改造的地方。[67]

由于对新约福音和旧约律法之间的关系缺乏准确的把握，很多基督教神学家没有体会到"妥拉"这个术语的丰富性，以及综合理解上帝的建设性地位。被基督徒过度地视为耶稣福音组成部分的自由是以一种非常宽泛的术语提及的。犹太教传统里"妥拉"的意义在于，它力图在现实中，通过把社会从一个政治的\宗教的理想转变成一个具体的社会文化结构，以充分实现自由。与耶稣和使徒的教导不同，后来的教会神学常常失去与"妥拉"传统的联系，造成对自身很多负面的影响。越来越多的神学研究学者认为，通过基督教－犹太教之间的这种对话，能够使基督徒更好地理解《妥拉书》的教导功能，帮助教会从仅仅是对自由的一般陈述中纠正过来。

二、圣约的《圣经》起源

（一）"约"的进路

在犹太教圣约传统看来，《圣经》是一本"约"书，目的在于通过缔结圣约并遵循圣约的原则来建立并维持人类的正确关系。为此，圣约要处理的一个核心问题是处于人类紧张关系中的自由。一方面是人强烈要求自由；另一方面要与宇宙中的权力相协调。由于缺少方法来改变人类，只有控制、管理、及引导它朝着在建设性上是最大限度，而在破坏性方面是最小限度的目的。这些方法是圣约的方法。只有通过订立圣约，通过建立圣约自由（可以自由行动的自由，但必须根据圣约的条款并以圣约的方式）来代替自然自由（只要能胜过结果，人们可以为所欲为的自由），人类自由的意图和与宇宙相和谐的意图二者的平衡才得以达成。

上帝表明，圣约自由及其限制的正面机会、通过他与人类订立圣约带来违反那些限制的后果同时给人类提供了在那些彼此相关的事物上，与上帝谈判的手段。并且，上帝提供了人类一样工具：他们可以为了保持自由，用它

---

67 John T. Pawlikowski, The Jewish Covenant: Its Continuing Challenge for Christian Faith, pp115, from The life of Covenant: The Challenge of Contemporary Judaism, Edited by Joseph A. Edelheit, 1 Spertus College of Judaica Press, 1986.

来建立彼此间的关系，特别是他们相互之间的政治和社会关系，并使之固定化。在宇宙的事物计划中，人类为了成为他们所被指望成为的，必须有选择的自由。艾拉扎把大洪水事件后、上帝与挪亚订立的圣约放在一个关键的位置，认为挪亚之约增加了一个更深远的维度：通过订立在宪法上具有约束力的协议，其背后是最高的道德权威。以色列会众是通过他们的支派被建立起来的。在政治体内，每一支派都构成一个完整的实体。支派的结构也有几分相似：

所有支派都在妥拉宪法的框架下运作，但保持了实质性的独立。在犹太教圣约传统中，圣经上的圣约可以分成政治的和非政治的类型。但根据在圣经在那些事情上世界观，《圣经》中机会几乎没有一个单个的圣约没有很强的政治论调或意图。[68]

政治性圣约成为上帝与人立约的主题。首先来看上帝和和亚伯拉罕之间圣约的政治性，这包括了应许人民和亚伯拉罕后代的土地。在犹太教圣约传统中，亚伯拉罕之约成为犹太人的土地宪章，确立他们对以色列土地的权利。在犹太教圣约传统中，上帝和人之间的圣约在多大程度上是相互的，而不是单边行为。在上帝和亚伯拉罕演进关系的开始，亚伯拉罕仅仅是倾听；后来发展到他成功地使神将其承诺正式化。（指神主动与亚伯拉罕立约）在西奈约之后，根据圣约的条款并考虑到环境的变化，圣约被用于在神之下、将被治理者和治理者联接在一起。

从政治意义看，艾拉扎认为，就如在最初圣约里的情形，这些圣约也确立（或重新确立）权威和权力的基本配置，但不包括既定的政府框架，而仅仅是接受先前所建立的政府框架。

（三）《圣经》中的圣约概念

圣约传统把《圣经》首先看作是上帝与人类立约，圣约订立（及背离）是《圣经》主导性主题，而对圣约订立事件的描述在决定性关头渗透进圣经文本中。在进入对圣约概念的探讨之前，我们先看上帝和亚伯拉订立圣约的例子。《创世记》第十五章记载，耶和华在异象中应许亚伯拉应许他土地和后裔，亚伯兰信耶和华，耶和华就以此为他的义。十五章详细叙述了上帝和亚

---

68 艾拉扎对于圣约的政治性的详细分析，参见 Daniel J. Elazar, Covenant & Polity in Biblical Israel: BIBLICAL FOUNDATIONA & JEWISH EXPRESSIOONS, pp78-81, New Brunswick (U.S.A.) and London (U.K.), 1995。

伯拉订立圣约的过程：

　　耶和华又对他说："我是耶和华，曾经领你出了迦勒底的吾珥，为要将这地赐你为业。"亚伯拉说，"主耶和华啊，我怎能知道必得这地为业呢？"他说，"你为我取一只三年的公羊，一只三年的母山羊，一只三年的公绵羊，一只斑鸠，一只雏鸽。"亚伯拉就取了这些来，每样劈开分成两半，一半对着一半地摆列，只有鸟没有劈开。（《创世记》15；7-11）

　　日落天黑，不料又冒烟的炉，并烧着的火把，从肉块中经过。当日，耶和华与亚伯拉立约，……（《创世纪》15：17-18f）

　　在这个仪式中，我们看到圣约是如何订立的：两个分开的实体被捆绑在一起，在成为新联合体一部分的同时，每一方又保持自身的完整性。圣经上的圣约（希伯来术语是"brit"）包含了在互利的要求之外对忠诚的宣誓，这实际上涉及了在缔约各方中社团的发展。订立圣约的希伯来术语是"likhrot brit"，即切开一个约。它与立约的最初形式有关。在上帝与亚伯拉订立的圣约中，我们看到在献动物为祭物时，亚伯拉把它从中间分成两块，让缔约各方从中穿过，然后又把这两块捆绑在一起。"由于一个圣约既分又合，切（分）与合成为术语和圣约订立的早期实践中的主要因素这一点非常重要。也就是说，它把两之间的区别或者缔约方各自特点和他们的联系进行分类并制度化。当然，这就是有关圣约的精准的表达。换言之，圣约关系之于社会和政治生活恰如布波的我—你关系之于个人生活。通过圣约，人类及其制度得以在一个共享的框架内进入对话，同时又保持各自的完整性。"[69]

　　在犹太教圣约传统中，圣约观念能为现代宪政主义提供资源，原因在于缔约双方可以在共享的框架内对话，同时又保持各自的完整性。艾拉扎认为，在圣经世界观中，限制权力思想最为重要。因为它有助于解释全能的神为什么不在人类的事物中行使其全能。通过与人类订立圣约，神实际上限制了自己，并从对人类的干预中退出，以给他们空间成为独立的人类。他按照圣约的条款，赋予了人类一定程度的自由，仅仅保留了在某个未来的日子，对这样自由的后果进行奖惩的权威。按照相同的标准，通过立约自我结合的人类同样限制他们的权力：

　　圣经上的圣约不是简单的被设计来创造一个连接在一起并向帝国式统治

---

69 Daniel J. Elazar, Covenant & Polity in Biblical Israel: BIBLICAL FOUNDATIONA & JEWISH EXPRESSIOONS, pp63, New Brunswick (U.S.A.) and London (U.K.), 1995.

者效忠的独立实体，而是在参与缔约各方之间建立伙伴关系。当然，神和人这立约方之间的关系不是简单的平等，在共同的任务（世界的救赎）中，它是平等伙伴关系的一种。在其中，双方保持各自的完整性，同时他们自己委身于一种相互负责的关系。通过进入与人订立的圣约，神在其全能的行使上慷慨地接受了限制，这样，人类可以成为他的自由伙伴，从而赋予人类以自由，但自由的代价是同时接受外在义务和内在改革。这样的大胆理念意味着，把人类机构或实体连接起来的派生圣约必然是伙伴关系中平等各方之间的圣约。[70]

在以上论述中，丹尼尔·艾拉扎实际上概括了犹太教圣约传统中最为主要的框架，即圣约成为相互间义务的框架及新的法律和政治内在和外在的基础。结果是，圣约自身及从中衍生出来的思想和原则缔造并确定了一个传统。

三、圣约治理模式

（一）圣约的神圣性

圣约不同世俗化的契约及协约的根本点在于它的神圣性，圣约的伦理准则建立在耶和华神这一超越性最高权威之上。在犹太教圣约传统中，圣约是可以从道德上进行评判的协议或公约；圣约的基础是自愿性的同意，通过相互间的宣誓和承诺来确立。圣约包含了某种超越性的更高权威，或者由它来见证。缔约的人群或缔约方具有独立的地位，各方在与圣约目的之关系上是平等的。这为在相互尊敬的条件下——这保护了所有缔约各方各自的完整性——取得既定目的（有限的或广泛的）提供了联合行动或义务。

保证或保证的标志使圣约得以和现代契约区分开来。从政治神学上看，圣约是由宣誓来认可的承诺。这样的宣誓伴随着祈求神灵来"看"或"注意"发誓者的行为，并通过实施发誓时规定或隐含着的咒诅来对任何违反圣约之举进行惩罚。按照现代文明的观点，《圣经》上的圣约包含了神学的和政治的两个维度，而圣约在政治上起作用是建立在其神学形式有效性这一基础上：

---

70 Daniel J. Elazar, Covenant & Polity in Biblical Israel: BIBLICAL FOUNDATIONA & JEWISH EXPRESSIOONS, pp68-69, New Brunswick (U.S.A.) and London (U.K.), 1995.

在其神学形式上，圣约包含了这样的理念：神人关系的基础在于有着相互承诺和义、务在道德上维系的协议。在其政治形式上，圣约表达了这样的理念：人们可以通过靠着道德来建立或维系的协定（无论是出于宗教还是世俗动机）——因此建立了永久性的伙伴关系——来自由地创设共同体和政治体、民族和公众以及公民社会自身。[71]

艾拉扎认为，在其所有形式中，圣约的关键点在于关系，一个圣约是一种关系的结构化。这种新的形式不是简单地由天来见证，而且把神作为缔约方带进来，因而对于以色列人而言，它具有宗教上的价值和涵义。

（二）圣约义务与自由

在圣约宪政主义构架中，圣约义务是正义和权利的基础，这也是圣约传统在政治上区别于各种世俗正义观的关键。这样的义务又是与希伯来文"倾听"（hesed）联系在一起的。倾听很不同于服从，倾听是同意的一种形式。由此，个人接受一个指导并在倾听过程中做出决定予以接受并跟从它。在犹太教圣约传统中，圣约的运行机制是热爱。艾拉扎提出，"倾听"这个《圣经》上的术语常常被误译为恩典，但最好被译成对圣约的热爱或者圣约义务履行的热爱。在圣约式的关系中，热爱是一个操作性的术语，把仅仅是一个事实的圣约转换成充满活力的关系，圣约之爱是一个批判性的圣约观念。艾拉扎提醒我们，圣约架构排除了人类社会中存在"自然正义"的可能性。根据人类和神平等的程度，人类的伙伴关系是功能性的，也即被局限在属地的事情上：

换言之，在上帝创造事物的计划中，在这个世界的属地的任务上，人类越来越扮演了主要的地位。人类拥有真正成为权力的权利，这归功于那样的伙伴关系以及从中衍生出来的义务。这些权利丝毫不因为来源于义务而被减少。然而，正因为他们是从上帝与人所订立的圣约中所衍生出来的权利，它们在某种程度上是有条件的，依赖于人类保持他们圣约式讨价还价的地位。用清教徒的话来说，他们有圣约义务，其履行确保了他们的圣约自由。[72]

上帝按照他自己的旨意行事，按照人类的正义标准，这看起来是恣意妄

---

71 Daniel J. Elazar, Covenant & Polity in Biblical Israel: BIBLICAL FOUNDATIONA & JEWISH EXPRESSIOONS, pp24, New Brunswick (U.S.A.) and London (U.K.), 1995.
72 Daniel J. Elazar, Covenant & Polity in Biblical Israel: BIBLICAL FOUNDATIONA & JEWISH EXPRESSIOONS, pp82, New Brunswick (U.S.A.) and London (U.K.), 1995.

为的。在犹太教圣约传统中，为了消除那种大规模神圣干预的必要性，通过
与挪亚所订立的圣约，上帝建立了包括要求人类执行公正审判在内的秩序，
这将使得上帝发起的圣约订立成为第一重要步骤。上帝之所以将其在这个世
界上的主动权威转交给人类，原因主要是假定人类会对此负责。

第三节　圣约与协约之比较

一、古代近东地区的协约模式

（一）协约的结构

古代中东协约研究者克劳斯·巴尔彻在其《圣约框架》一书中提到，近
代最早的协约之一被保存在称为"拉格斯的艾那特姆鹫碑"（Vulture Stele of
Eannatum of Lagash）上。此协议意味着这样法律传统由来已久。与此协议相
比，赫梯帝国的协约是一种更为发达的形式。赫梯王国时期，一共有 15 个协
约被保存下来（9 个是阿卡德时期的，6 个是赫梯人时期的）。考古学者又在
拉斯·撒玛拉（Ras Shamra）发现国际间协约的文本。上个世纪三十年代，韦
德讷（Weidner）和弗里德里希（Friedrich）整理出版了这些协约，为后来的
学者研究古代近东地区的协议提供了文献基础。[73]人们发现这些协约是根据一
种确定的模型被组织一起来的。研究表明古代中东地区的协约订立具有以下
结构：

1、序言。

2、祖先历史。

3、关系到未来关系的事情之陈述。

4、特别条款。

5、祈求神灵的见证。

6、咒诅和祝福。

研究古代近东协约的学者发现，这个模型在所有的协约中都能见到，只
是在具体运用上不同协约做了细微调整。然而，结构上的稳定性并没有带来

---

73 有关相关这方面文献的介绍，参见 Klaus Baltzer, THE COVENANT FORMULARY
in Old Testament, Jewish, and Early Christian Writings, pp7, Translated by DAVID
E.GREEN, FORTRESS PRESS PHILADELPHIA, 1971。

细节上的一致性。这些协约给人的印象是，在每一个事例中，赫梯人为了与它们在其中得以塑造的特殊情形相符合而重新组织协约。他们断定，在赫梯人法庭的每一个场所，组织这些协约的技术已经高度发达。

（二）"宗主－附庸"条约的主要特征

以上述的考古发现为基础，学者们概括了赫梯与亚述文化中的"宗主－附庸"（suzerain-vassal）条约的结构特征：[74]

1、序言（preamble）：由宗主方宣示自己。

2、一个历史前言：对为什么要进入立约关系的历史事件做一交代。

3、条款或要求：在这一部分中，最突出的一条就是除了本宗主外，不能再接受别的宗主。

4、如何保存或展示条约的文本：通常包括如何定期地宣读文本。

5、列举证人：写出立约双方向之宣誓或要求其作证的神名。

6、咒诅或祝福：表明遵守条约之福，及背离条约所要遭受的惩罚。

对比这两个结构模式，主要差别在于第 3 和第 4 两个项目，后面的结构中提到"不能接受别的宗主"这一条，而前面的结构提到未来关系之陈述。

二、古代近东协约的立约格式

（一）协约模式的主要特征

根据 V·柯沃赛克在 1931 年的研究，克劳斯·巴尔彻整理出古代中东地区协约模式的几个主要特征：[75]

1、序言

协约序言包括了在提及的文件上签字的赫梯统治者的名字和称号，紧随其后的是他父亲的名字及称号，以及更多远古祖先的名字和称号，最后是称颂"英雄"。屡次被发现的格式如下："某甲，伟大的君王、赫梯领土的伟大君王……，伟大的君王某乙的儿子……，英雄，如此说。"在一些协约中，

---

74 参见游斌：《希伯来圣经的文本、历史与思想世界》，第 86 页，宗教文化出版社，2007 年版。

75 参见 Klaus Baltzer, THE COVENANT FORMULARY in Old Testament, Jewish, and Early Christian Writings, pp11-15, Translated by DAVID E.GREEN, FORTRESS PRESS PHILADELPHIA, 1971。

在"赫梯领土的君王"之后，插入"神所喜悦的……"。

2、祖先历史

这部分包括了"对赫梯统治者或赫梯帝国和提到的附庸或者让与他的领土之间早先历史的描述。"这种描述必须被看成是历史刻画的一种形式。它已经超出了分析性的对事件的简单列举。叙述过程是按照缔约各方历代先祖的顺序来安排的。它可以覆盖从一代到五代。它可以按照与伟大君王的关系开始，对此关系的评价可以是积极的，也可以是消极的。他的恩慈应被强调。在先祖历史的结尾处，常常提到授予附庸及其封地以权威。

3、有关缔约各方未来关系的主旨陈述

这部分在以赫梯语写成的协约中被最为清晰地展现出来。一方面，它与先祖历史关系极为密切，因为在它那里提及的事实构成了协约关系的基础。另一方面，对事情的陈述总结了其后的特别规定的目的。这些规定是协约关系的法律后果：如果一方保持对协约的忠诚，他就要使他自己如此如此行为。这种关联由于这样的事实——事情的陈述可以在专门的规定之前重复——而被进一步强调。事情陈述自身主要包括了一般的命令。它们的基本要求是签约一方的忠诚。

4、协约的专门条款

协约的专门通常采取假设陈述的形式建立在下面模型上："如果所说的发生，你要使你自己如所说的那样去做"。与伟大君王的关系不容许签约者继续保持与外在势力保持关系。"它意味着外交权利的丧失，无论是主动的还是被动的。"在一些例子中，甚至连贸易也受到限制。根据事物的性质，各种军事上的规定占据了相当的篇幅，他们指出了签约方提供相互间的保护和支援的方式。具有代表性的是有关引渡偷渡者和战俘等方面的详细规定。贡金的性质和数量被精确地确定下来。除了其他方面的责任外，附庸被要求定期到宫廷觐见。他们相互之间是一种"联盟"的关系，他们有义务呼吁大君王作为调停人。"一方不得秘密行动谋杀另一方。"附庸的权利包括了由大君王提供保护，以抗击国内外的敌人；也包括了为他把位置传给后代的提高保证。

5、祈求神灵做见证

古代的法律传统是，协议缔结时，见证人是必须的。在国际协约中，神

灵履行了这样的功能。然而，必须明确地呼吁他们作为见证人来行事。赫梯人协约的典型特征在于，紧随祈求格式后列出详细神灵名单。例如，这些神灵包括了哈梯土地的神灵、附庸们的神灵、以及最后——可能会被当作神灵的——山岳、河流、泉源、大海、天地、风云。

6、祝福和咒诅

然而，神灵不是仅仅是平常意义上保证合同得以校正的"见证者"；如同"誓言之主"，他们作为协约条款得以执行的保证者而起作用。对于所有食言者，他们将"毫不留情地予以追究"，对于那些协约条款的信守者却给予奖赏。在咒诅里，食言者将受到以任一形式的死亡和毁坏的威胁。有时候，一些列比喻强调了咒诅的可怕性。咒诅是没有商量余地的。在巴比伦人和叙利亚人后期的文本中，与赫梯人的协约相比较，咒诅格式清楚地显示出进一步的扩展。应许的祝福是："神灵保护土地繁荣，国权永存"。或者"物产丰盛，心情愉快，心灵永远平安。"

巴尔彻认为，以上格式可以作为整体的协约格式及其每个组成部分的清晰图景。可以确定一种"标准的形式"，在此基础上，订立适应特定条件的赫梯人协约。现在的文本使得有可能把协约格式作为一个固定的文字类型进行界定。

（二）协约文件与缔结协约的关系

"协约文件"和"缔结协约"之间是什么样的关系？根据科罗塞科的观点，与古代近东各处流行的观点一致，书写的执行对于缔结协约至关重要。协约文件不仅仅是协约存在的证据，比如说，从一种相互同意的角度看，只有文件被书写时，协约事实上才成立，协约文件因而属于处分权这一类的文件。因此，协约文件和协约缔结之间的关系非常紧密。

科罗塞科提出，从文本中得出的可能结论是，缔结协约的过程主要包含了两个彼此相呼应的行为。协约的条件由大君王提交给附庸；而附庸必须通过宣誓来遵守他们。在已描述平行结构的基础上，人们可以把协约文件看作缔结协约的记录。然而，文件的重要性已经超出了"仅仅是证据性的"。当大君王展示协约，盖上核实并递交给附庸后，协约成立。"书写形式"的重要性由于这样的事实而被进一步证实："在协约石板书写"可以用作"保证协约关系"的同义词。相应地，"擦去"石板意味着协约关系的结束。

协约条款的公布、祈求神灵、以及书写的执行是在缔结协约时最重要的行为。可以有把握地确认，其他仪式是围绕这个内核展开的。协约的双方是大君王和他的附庸。后者可以拥有一个"王"的身份或者仅仅是一个"领主"。在特定的情形中，像"土地上的人民"这样的集体实体可以成为协约方，这个短语可能指显赫的人物。最后，协约的一方可以是整个民族——在每一个例子中，与大君王缔约的一方因此同意适应所提及土地上的政治和社会结构。

协约是以在土版上制作副本的形式来保存。原始文件被描述成书写在铁、银、甚至是金上，然而，这不意味着协约必定仅仅保存在一些古迹中。有关协约内容的知识常常下达给协约中提到的附庸，为此目的，协约的文本要当着附庸的面定期诵读。从立约的形式上看，近代地区的这些协议与古以色列订立圣约的模式有许多类似之处。

三、犹太教圣约的结构及其特征

为了更好考察古代近代地区世俗的协议模式与以色列圣约模式之间的关系，巴尔彻分析了《旧约》《约书亚记》二十四章订立圣约的个案。[76]

（一）圣约订立的结构

通过对《圣经》中订立圣约个案的分析，研究古代近东协约的学者试图找出圣约与协约二者之间的关系。[77]

1、序言部分

第 2 节："耶和华以色列的神如此说"。这意味着以下部分要被理解成是由神所说的。如同在协约中的情形，我们看到批准圣约的自我任命者。"以色列的神"在这里是一个正式称号。

2、先祖历史

第 2-13 节提供了到那时为止，存在于耶和华与其子民之间关系的简单历

---

76 也有学者"通过对古代西亚文明的条约文本的研究，人们发现希伯来圣经中以色列人与上帝之间的立约，与赫梯（Hittite）与亚述文化的"宗主－附庸"（suzerain-vassal）条约十分类似。"认为两者之间最为基本的类似表现在三方面：一方的恩惠和怜悯，另一方的忠心，以及约的后果。参见游斌《希伯来圣经的文本、历史与思想世界》，第 86 页，宗教文化出版社，2007 年版。

77 巴尔彻的详细分析，参见 Klaus Baltzer, THE COVENANT FORMULARY in Old Testament, Jewish, and Early Christian Writings, pp19-27, Translated by DAVID E.GREEN, FORTRESS PRESS PHILADELPHIA, 1971。

史回顾。它的目的在于记录耶和华一代又一代的救赎行为，一直传递至现在侍立耶和华面前、在约书亚领导下的当前一代。由此，它在结尾处恰当地提及并描述了神慷慨的独特礼物——土地。

对这个结论的详细分析特别清楚地表明，"先祖历史"意在为圣约提供一个合法性基础。首先，这里的立场是，授予土地是一般场景中的一个要素。如前所述，土地分封频繁地出现在"先祖历史"的结尾处。其次，按照地产等级的方式土地的性质和范围得以精确描述。为了比较的目的，可以把提到的文本并列在一起：《约书亚记》（24：13）、《申命记》（6：10-11）、《尼希米记》（9：24-25）。文本显示，这样的项目是建立在管理不动产法律的精确规定之下少的。《约书亚记》包含了一张因为包括了附属物在内而增加了的清单。这些添加物再一次强调了文本事实上已经明显的一点，也即，土地是耶和华的白白赐予。

3、主旨陈述

第 14 节以"你们要敬畏耶和华"开始，这为先祖历史做了总结。耶和华子民的行动是对耶和华自己的行为予以回应，这种关系在一系列的命令中从正反两方面得到界定。这里的焦点在于对耶和华的绝对忠诚，这种忠诚预设了弃绝外邦神。文章并没有作为耶和华的直接演讲而推进，这让研究者觉得有些蹊跷，因为第 27 节称之为"耶和华的话"，其意图很可能是要包括圣约的条款。

第一部分宣告了圣约的条件。这里的"条件"不仅涉及法律上的条款，而且也同样涉及了先祖历史中所描述的救赎行为。这些是要求以色列忠诚的先决条件。缔结协约的第二项行为被详细记载于《约书亚记》第二十四章：通过宣誓确认遵守圣约。只有从不同线索中进行推理，才能按照赫梯协约对此约予以重构。

第二部分从 15 节开始。这里约书亚转换了角色，他不再作为耶和华授权的代表，而是作为以色列民说话。与他显赫的位置相适应的是，他是第一个确认遵守圣约的："至于我和我家，我们必定侍奉耶和华"。在 17 节和 18 节前半部分，人民对他们曾听说并经历过的先祖历史予以回应。这段历史的要点再一次被引用。人民因此坦白，他们在直到那时的历史中，经历了他们神的恩惠之举。他们承认是接受到土地，而非征服它，他们见证耶和华的行为一直领先他们自己所作的。16 节和 18 节后半部分是与 14 节中主旨陈述相对应的部分。18 节、21 节和 24 节三次直白重复"我们必侍奉"显明了文本的仪式——更恰当一些（考虑到协约方面）——程序性。

（二）圣约订立的特征

1、见证人

在赫梯人文本中发现的协约模型中，在此处之后是祈求神灵作为见证者，在一起的还有咒诅和祝福。如同已经指出的那样，在这些协约中，对于话语和行为，神灵不仅"仪式现场他们在场，并可以在有疑问的情形中为它们做保证"这样的意义上作为见证者；他们也是协约的保障者。

在以色列，在一个世俗协约情形中作为见证者，耶和华是在这样的意义上被提到的。但是，在神与人之间的圣约中，耶和华既是立约一方，又是圣约的保障者，在这样的情形中又会发生什么呢？这里存在的困难在《申命记》（4：26、30：19、31：28）中可以看到。在那里，在圣约仪式结构中，恰好在这一点上，也即，在咒诅面前，"天和地"被呼唤来作为"反对你们的见证人"。

耶和华也可以代表自己作为反对人类的见证人而起作用。耶和华在"见证人"的两种意义上，即作为某些事情的保证者，并且作为协约的保障者起作用。正如起初可以赐福一样，这位保障者可以把咒诅付诸实施。在《约书亚》二十四章 19-22 节，耶和华并没有被直接称为"见证人"。然而，他被认为出现在整个仪式的始终（见 1 节）。巴尔彻认为，这样的庄严陈述（19 节）——你们不能侍奉耶和华，因为他是圣洁的神，是忌邪的神，必不赦免你们的过犯罪恶——代替了一个祈求。紧随其后的是咒诅，一旦义务被违背，耶和华亲自执行咒诅。"他必转而降祸与你们，把你们灭绝"。这里的祝福暗含在陈述中，耶和华在降福之后降祸。威胁的咒诅作为一种可能性存在于未来，祝福是现在被感受到并得以承认的。

2、圣约实施的程序

根据二十四章 25-26 节的记载，圣约的书写版被得以制作。对于圣约条件的公布和宣誓来说是真实的事情，对于制作书写版来说也同样是真实的。在巴尔彻以上所作的对比中，世俗协议模式与圣约模式之间关键区别的在于约定被执行的保证者不同。协议是靠着祈求各自的神灵来保证，执行效力较弱；圣约是靠耶和华这一超越性的权威来见证、并对违反者进行惩罚，因而对于立约双方有着更强的约束力。

由于忽略了圣约结构的神学基础，马克斯·韦伯错误地认为圣约只是一个政治共同体。在他看来，以色列的圣约在宣誓这方面没有什么独特之处：

在古代，任何的政治同盟，以及几乎一切私法上的契约，通常莫不是通过起誓，亦即自我赌咒，而获得保证。以色列的独特之处，首先毋宁是在于，宗教性的"契约"普遍深远地延伸成为各种极为不同的法律关系和道德关系的真正（或思想上的）基础。尤其是，作为政治共同体的以色列本身就是个誓约伙伴团体。[78]

以上以《约书亚书》二十四章中订立圣约的个案为例，分析了犹太教圣约传统的一些主要特征。由于神学基础的根本不同，基督教在十六世纪宗教改革运动中发展出来的圣约观念在内涵上发生了重要转变。

---

78 参见〔德〕马克斯·韦伯：《韦伯作品集 XI——古犹太教》，第 142 页，康乐、简惠美译，广西师范大学，2007 年版。

第二章　预定论和改革宗圣约传统

本章共四节。第一节，宗教改革与圣约观念的复兴。本节将圣约观念的兴起置于十六世纪宗教改革这一背景之中去理解；第二节，预定论及其政治涵义。这一节比较了加尔文与同时代圣约神学家布灵格在预定论上的不同；第三节，加尔文的律法观。本节从加尔文对律法和福音的对比来探讨改革宗圣约传统的基本构架；第四节，布灵格的双边圣约观。这一节从布灵格对于预定论的不同理解进入，阐述了单边圣约观的神学基础。

第一节　宗教改革与圣约观念的复兴

与犹太教圣约传统不同，基督教改革宗圣约传统中的约是单边的，圣约的订立由上帝单方面发起，并不需要人一方同意。改革宗圣约的单边性集中体现在加尔文对于律法和福音之间关系的处理上。加尔文接受使徒保罗的神学观点，认为不应该将律法和福音对立起来。以基督论为基础，加尔文发展出具有改革宗特色的圣约神学，其特点就是通过缔结圣约来建立共同体。圣约共同体首先是一个信仰群体，具有共同伦理。与此同时，加尔文并不认为在这个信仰共同体之外另有一个世俗的社会存在。事实上，世俗社会同样处在圣约共同体之中。属灵存在和属世存在之间"有所不同、却又不可分割"，二者在圣约共同体中并不存在截然分离。作为圣约共同体中的成员，信徒不能将信仰生活局限于内心，局限于祷告和教会聚会。在圣约共同体中，属世和属灵二者的不同不是以外在形式来区分的。

一、十六世纪的新教神学

现代的政治哲学家们会认为十六世纪没有产生什么政治理论。事实正好相反，正如艾拉扎所指出的那样，十六世纪开创了圣约政治的第二个伟大时代。政治哲学家们的观点偏颇乃是因为他们心目中政治信念的局限所致，他们认为政治信念的相似更多有赖于形势而不是神学，政治上的分歧往往是由于各教会所处的环境起了变化，而不是由于神学上的分歧。萨拜因在《政治学说史》中这样写道：

新教也好，天主教也好，没有哪一个宗教团体，真正把它的政治信仰和它所宣称的神学联系起来。这道理是很明显的。无论天主教还是新教以及新教的各派，都因袭同一基督教传统和同一主体的欧洲政治经验。一个英国圣公会教徒，一个路德教徒和一个法国天主教徒，对于国王的神圣权利比对神学更能取得一致的意见，他们也会同意把加尔文派教徒和耶稣会教徒都视为公敌。政治理论的分类从来不同宗教派别的分类相一致，尽管宗教团体也确实成立过典型的政治理论机构。[79]

萨拜因以上所举的例证只能说明他对十六世纪的新教改革神学流派缺乏细致、深入的把握。实际上，同为新教神学，路德的信义宗和加尔文的改革宗在神学观点上存在着很大的差别。路德宗教改革对于西方政治、法律观念产生的影响完全不同于加尔文主义。[80]

路德改革和他的神学观只是加强了从中世纪后期已经开始的国家主义。真正改变十六世纪西方政治、法律观念的是加尔文所代表的改革宗。新教理论对十六世纪政治观念的影响是通过圣约观念复兴而发生的。艾拉扎认为，马丁·路德完全不是一位圣约主义者，而大多住在瑞士和荷兰共和国的内

---

[79] 乔治·霍兰·萨拜因：《政治学说史》下册，第410-411页，刘山等译，南木校，商务印书馆，1986年版。

[80] 伯尔曼对此有着深刻的洞见：路德的宗教改革通过使教会失去法律效能，打破了主张两种等级制度、两种正式的法律制度——教会的和世俗当局的法律制度——中世纪的二元论。路德教立足之地，教会就被视为一种无形的、非政治的、不具法律效能的组织；唯一的主权，唯一的法律（政治意义上），便是世俗王国或者公国的主权和法律。实际上在此之前，马基雅维利发明了"国家"一词，用以指纯为世俗的政治秩序。此种新教的怀疑主义使法律实证主义的出现成为可能，这种法学理论把国家的法律看成是道德上中立的东西，视之为工具而非目的，是表明主权者政策并保证它被遵行的手段。参见伯尔曼：《法律与宗教》，第56-57页，梁治平译，中国政法大学出版社，2003年版。

地其他宗教改革家则是圣约主义者。英国、法国和德国亦处于圣约复兴的中心。

根据艾拉扎的研究，在新教教义内，圣约作为一个（与路德宗和圣公会相对立的）改革宗神学学派的核心概念而萌生，改教派以圣约神学（Foderaltheologie）或者圣约主义（Federalism）而闻名。这个联合或圣约的神学运动，其名称源于拉丁词 foedus——意思是圣约，英文"联邦主义"（federalism）一词就是从它而来。

为什么是加尔文的改革宗、而不是路德宗最终发展出圣约观念？很多研究改革宗圣约的学者将其归因于加尔文预定论的影响，这一教义带来了对上帝委身的观念：

考虑到新教改革宗信徒热切信仰的所有特点都集中于相信人堕落、而不能靠着他们自己的理性或德行或两者来获得拯救，唯独完全依靠上帝的恩典及他们在恩典中的信靠，那么，在新教改革宗这样一个整体尤其是新教改革宗教义中，发现圣约居于核心地位，看来就相当奇妙了。对许多人——例如路德宗，或自由派教会，和后来甚至成为新教改革宗的教会来说，圣约完全是一种恩典的圣约，这在某些方面用词矛盾，或者甚至是一种矛盾修饰法。然而，对于新教改革宗的主流而言，圣约的真正意义在于：人不得不接受圣约，完全委身于上帝，作为上帝的同工，担起上帝赋予的使命，完成上帝的意向。在一个强调人的堕落和预定的制度中，如此而行的能力，是改革宗神学的一个主要问题，直至进入十九世纪。即使在今天，当新教致力于一个对世界更"乐观"的观点，贬低人的堕落和原罪等观点时，新教神学家们仍必须对该主题斟酌深思，尽管它在他们理论中所占据的位置日益式微。[81]

艾拉扎对比了加尔文神学观点与路德宗的差别。路德宗神学中心在于因信称义，在路德这里，恩典与立约存在着不可调和的矛盾。而改革宗强调对上帝的委身，这里已经隐含着上帝与人的立约。在改革宗政治神学中，当然也在其政治科学中，他们的问题要缓和得多。即使考虑到神学上的圣约性，人类因为是政治上的同伴、可以有更大自由行动的空间；虽然会有神学上的限制，但随着时间上的推移，这些限制会越来越宽松。再者，这尤其符合新教改革宗教义，这里甚至包括了那些最多依赖于神学上恩典之约的新教改革

---

81 DANIEL. J. ELAZAR, Covenant & Commonwealth: From Christian Separation through the Protestant, pp147-148, New Brunswick (U.S.A.) and London (U.K.), 1996.

宗。因此，当源于路德宗的圣约观念要么在政治领域被完全摒弃、要么在神学领域受到更多限制之时，新教改革宗却将神学和政治融合进一个更为强大的圣约传统。

艾拉扎认为，这种融合之所以可能，是因为中世纪天主教会的双剑论被转换成新教的两个国度论——一方是属地的、短暂的，另一方是属天的、永恒的。至少对新教改革宗来说，二者最终的掌管者都是上帝，因此，都具有圣约性。艾拉扎提出，在某种意义上，两个国度是双重君主制在神学上的同等物。属天国度的目的是引导人们爱神，属地国度的目的是爱护并侍奉自己的邻居。很明显，二者互相关联，通过圣约，二者形成一种联邦式联合。因此，在路德宗止步于双重君主之处，新教改革宗将其转换成一种联邦团体。

毫无疑问，艾拉扎从预定论来解释加尔文的圣约神学，在一定程度上说明了改革宗圣约神学的来源。但从加尔文神学整体来看，这样的观点多少有些失之偏颇。预定论并不是加尔文神学的核心，当代福音派神学家麦格拉思对此做了很好的澄清，加尔文圣约观的神学基础在于他的基督论而非预定论。[82]

二、圣约观念在十六世纪的复兴

十六世纪圣约神学首先在瑞士兴起，这与那里的政治环境分不开。瑞士在中世纪以来就保持着宗教和自由联盟这一传统。到了十六世纪的时候，宗教改革家将这一在中世纪后期正在消失的传统重新提出。这个时期瑞士的环境类似于古以色列人圣约起源时的情形。在宗教改革家看来，这种制度产生了比古埃及更大的邪恶与腐败。如果说埃及的权贵们凭借错误的神祇之名来统治，基督教的权贵们胆敢以真正的上帝之名来统治。这个类比被下面这个事实所支持，圣经神学亦将信仰和自由联接起来，源于《出埃及记》的圣约为信仰和自由奠定了基石。所以，受希伯来《圣经》影响至深的宗教改革家们吸收了古老的圣约神学，反对现存宗教当权派的保守主义。

类似的环境产生类似的解决思路，古以色列的圣约观念成了十六世纪新

---

82 麦格拉思认为，在加尔文那里，预定论教义的首要功能就是解释为什么有些人相信福音，有些人则不信。预订论是一种事后回溯式解释，它解释了人回应恩典的特定方式。有关预定论的社会作用和神学作用，参见〔英〕阿利斯特·麦格拉思：《加尔文：现代西方文化的塑造者》，第208-215页，甘霖译，中国社会科学出版社，2009年版。

教改革宗神学家们改造社会的思想武器。艾拉扎分析了瑞士复兴圣约观念的几个主要因素。首先，某些改革宗领袖发现不仅是教会腐败，到处买卖圣职、冗员充斥，世俗社会也是如此。同时，他们重新思考教会体制的努力也激起了其按照新教教义重构世俗社会的动力。于是，建立新教既是宗教事务，又是政治事务。宗教改革家提出圣约观念乃是去世俗化的一种努力。

在这种混乱的处境下，圣约观念的复兴就成为一条道路——沿着合法性、人民主权和宪法选择的路线去更新和安排世俗社会。圣约，为改革宗的人们提供了一个重构世俗社会的方法——不是以征服、继承或有机进化，而是以一种自愿达成的约为世俗社会的根基。不是将世俗社会看作一种私人物品——一种个人性喜好和受托的制度，崭新的圣约主义，其拉丁文 res publica 原意意味着公共事务，将世俗社会解释成为一个共和团体。[83]

通过将人民纳入圣约，改革家提出了人民而非统治者乃是主权者这样的民主共和主义思路。在古以色列犹太教的圣约传统中，个人有对集体的责任，先于集体的权利不存在。改革宗的圣约观念坚持了同样的政治思想。正如改革宗政治思想否定了统治者的先验权威，它也不鼓励个人享有不证自明之权利的原则。对于联邦主义者来说，人民，乃是一个政治的团体——通常是一个由不同的成员组成的社团。

根据艾拉扎的解释，加尔文改革宗神学中的委身和天职观念为社团政治观提供了教义上的来源：

权威（或统治）成为一个来自天职的功能；必须对宪法结构负起重担，不管在思想体系还是在制度结构上，权威都不应变得不恰当地衰败或腐败……加尔文主义的社团思想，从根本上就涵括了：既承认人有一个崇高的呼召，有认识到人始终存在的有限和罪。[84]

各种社团组成的政治体制，致力于践履崇高的天职，通过一个以圣约为根基的恰当宪法组建起来，在该圣约中各种相应的圣约服务于各种相应的天职。改革宗神学中的天职观念和社团思想为社团人民主权与政治组织提供了理论资源。圣约观念中另一个关键维度在于立约中产生的彼此承诺。上帝与人的承诺同时也决定了人与人之间的承诺。上帝一如既往地信实、满有宽恕，

83 DANIEL. J. ELAZAR, Covenant & Commonwealth: From Christian Separation through the Protestant Reformation, pp154, New Brunswick (U.S.A.) and London (U.K.), 1996.
84 同上。

即使是面对着人的悖逆，上帝仍然守约，因此，个人也应当根据他们的圣约彼此保持信实忠诚。

这些特征使得建立其上的改革宗圣约主义取代了中世纪宪政主义，成为十六世纪改革社会的主导政治思想。艾拉扎认为，正是圣约主义政治观的提出，使得改革宗的政治观点既不同于罗马天主教，同时又不同于路德宗和再洗礼派，而发展出了人类政治的崭新模式。圣约联合主义者盼望着基督的国度，同时，他们也承认世俗政府对于维护人类社会结构以遏制人的恶行尤其是贪欲、野心和不法的重要性。

三、改革宗圣约共同体

圣约主义最初是在改革宗圣约共同体中实践出来的，从圣约宪政主义的发展来看，这种生活具有以下几个特征：[85]

首先是对知识的重视。改革宗圣约共同体政制，最明显的特征在于它是联接宗教会众、世俗政府与大学（改革宗城市乃是神学和学说发展的中心）的纽带。前所未有的是，大学在一个重要的社会运动中发挥了如此卓越的作用。他们的行为，从一开始就是一种知识运动，由此得以保留下来。所以，加尔文联合学者、牧师、长老、执事——他们成为这个特别的基督教共同体的重要领袖。他们敬虔，但远离虔敬主义。他们关注属灵事务，但远离宗教上的神秘主义，在政治上他们亦如此。因此，大学既是知识的靠山、又是知识的堡垒。

其次是伦理上的严厉性。在生活的每一个方面——一个人言行及对其限制的法令方面和明显属于公共政策的领域，实行什么被理解成上帝的律法。这是圣约联合主义同一理论的部分，该理论寻求共同体的每一个部分与其他部分融合一体——它们趋向成为圣约共同体的组成部分，尤其是它们在宗教上最为活跃的时期。

现代的政治哲学家按照十八、十九世纪形成的个人主义的权利观念出发，对改革宗提出质疑，这样的做法显然没有考虑到十六世纪改革宗圣约神学复兴的历史环境。萨拜因有关加尔文在政治上反动、粗暴的指责过多地受二十世纪欧美个人主义意识形态的支配：

---

[85] 艾拉扎对改革宗圣约共同体实践的意义分析，参见 DANIEL. J. ELAZAR, Covenant & Commonwealth: From Christian Separation through the Protestant, pp156-158, New Brunswick (U.S.A.) and London (U.K.), 1996。

加尔文教派就其最初的形式而言，不仅包括对反抗的谴责、而且全然缺乏自由主义、立宪主义或代议制的倾向。在可以活动的地方，它便发展成为别具一格的神权政治，一种由传教士和贵族结成联盟的寡头统治，群众是完全受排斥的。总之，这种统治是粗暴的、难受的、反动的。加尔文自己在日内瓦的统治和在马萨诸塞对清教徒的统治都具有这种性质。[86]

考虑到十六世纪欧洲社会的普遍信仰特征，这样的指责在方法论上并不公允。正如艾拉扎所指出的，当教会和国家对个人私生活的干预成为准则，当犯罪得到有力的指控，当刑讯和野蛮执法是公共政策的常态时，在这样一个时代，改革宗共同体使用这些方法就是无可挑剔的，即使他们在一个不同的基础上证明自己的正当。

改革宗共同体生活的第三个特点在于团契的组织形式。为实现道德上的目标，教会转型为团契，即信徒的聚会或集会。从这个角度看，圣约共同体更多是一种信仰的有机集合，而非利益的交换。这个有机体，与其说被假定为独立于成员存在，其成员服从一个自我选择、自我维持之机构决定的仪轨和教义，不如说这个新的宗教所需要的共同体：

乃是其信徒相信他们自己是被上帝呼召出来追求神定的天职，由此聚集到一起（团契），形成信徒组成的社团——其中信徒对他们自己和上帝负有义务。这种新的团契模式，延续圣经上集会和后圣经时代会堂传统，这就是圣约式组织对教阶制模式冲击的整体和地方表现形式。[87]

第二节 预定论及其政治涵义

前面提到，加尔文神学的核心不在于预定论，而在于基督论。尽管如此，加尔文在预定论上的立场上确实很坚定，他关于双重预定论的阐述有助于我们把握改革宗圣约神学的一些特点。事实上，加尔文之后的改革宗神学家就是以预定论来界定加尔文主义的。无论是在加尔文生前的时代，还是在几百年后的今天，加尔文及以加尔文主义都是让人容易产生争议。[88]本节对于预定

---

86 〔美〕萨拜因：《政治学说史》下册，第 418-419 页，刘山等译，南木校，商务印书馆，1986 年版。

87 DANIEL. J. ELAZAR, Covenant & Commonwealth: From Christian Separation through the Protestant, pp157, New Brunswick (U.S.A.) and London (U.K.), 1996.

10 加尔文主义神学家亚伯拉罕·凯波尔从历史、哲学、政治三方面来界定加尔文主义：历史上，除了路德宗、再洗礼派和反对三位一体的索齐尼派之外，加尔文主

论的探讨重在其与改革宗圣约神学之间的关系。

一、双重预定论的原罪论前提

在加尔文《基督教要义》的神学体系中，预定论提出是要解决上帝绝对主权和人自由意志之间的关系问题。如果接受人在意志上可以有自由选择的余地，那将极大削弱，甚至会颠覆整个基督教对于上帝主权的教义。在救恩问题上，加尔文显然不赞同神人合作这样的神学见解，这里加尔文与奥古斯丁的观点并没有什么根本上的不同。加尔文之所以比奥古斯丁更为强调预定，这与他那个时代的信仰环境有关。加尔文出于对敬虔这一信仰本质的深刻洞察，坚决否则亚当堕落后，人类还保留意志自由选择的可能性。因此，加尔文关于原罪的观点就成了理解其双重预定论的前提。

在加尔文看来，人类的原罪来源于亚当的骄傲，不相信上帝不可以吃禁果的警告，"当第一个人反抗上帝的约束时，他不但为撒旦的诱惑所迷，而且还藐视真理，陷于虚伪。上帝的话即被轻蔑，尊敬上帝的心必然荡然无存；因为我们要专心注意上帝的言语，才可以长久尊敬他的伟大和圣洁。所以不信就是亚当背叛的根源。"[89]亚当的属灵生命既在于与他的创作者合一，所以他一旦和他疏远，即是灵魂死亡。

什么是原罪？加尔文认为，亚当堕落后，他的全然败坏通过遗传而带给了所有后裔。

亚当的罪既是普世受咒诅的根源，所以说，这咒诅殃及他的子孙也是合理的。因此，在他里面的神的形象被消灭了，而他被罚丧失了原有的智慧、力量、圣洁、真理和公义诸美德，代以可怕的愚昧、无能、污秽、虚荣和不义，这样，不但他一人受苦，连他的子孙也一同遭殃。这遗传的腐败就是教父们所称为的"原罪"；所谓"罪"，是指以前纯良天性的腐化而言……[90]

加尔文把原罪的特点概括为三个方面：

义指的就是宗教改革的方向；哲学上，指在加尔文影响之下形成的思想体系；政治上，加尔文主义代表了一种运动，追求在民主立宪制下的自由。参见亚伯拉罕·凯波尔：《加尔文主义与生活：论加尔文主义作为一个生活体系》，第208页，王兆丰译，载于茜亚·凡赫尔斯玛《加尔文传》，华夏出版社，2006年版。

89 〔法〕约翰·加尔文：《基督教要义》，上册，第193页，徐庆誉、谢秉德译，基督教文艺出版社，2001年初版（简体增订）。

90 〔法〕约翰·加尔文：《基督教要义》，上册，第194页，徐庆誉、谢秉德译，基督教文艺出版社，2001年初版（简体增订）。

第一，对于后来的子孙来说，原罪是预定的，"但这沾染不是在身体或灵魂的本质上，而是由于上帝所预定，凡他赋予第一个人的恩赐由这人为他自己及其子孙保存所丧失。如果他们多少得着父母的圣洁，乃是上帝对子民特别的赐福，可是这并不能代替以前所加于人性最初和普通的咒诅。因为他们的罪是生于自然，他们的成圣是生于超自然的恩惠。"[91]

第二，原罪的后果是人的全然败坏。加尔文认为，在亚当堕落后，除了情欲，人类一无所有。原罪的范围涉及了人的一切，诸如知识和意志，灵魂和肉体，这就是改革宗神学强调"人的全然败坏"。原罪是我们本性上帝一种遗传的邪恶与腐败，散布于心灵的各部分，使我们为神的愤怒所憎恶，而且在我们里面产生了圣经所说的"情欲的事"（《加》5：19）。为了回答婴孩原罪来源，加尔文区别了罪的种子和罪的结果，婴孩在出生的时候，就已经带上了罪。因此，"虽然他们还没有借出罪的果子，但罪的种子已经撒在他们的心里了，甚至他们整个本性与好像是一颗罪的种子，所以不能不为上帝所厌恶。[92]

第三，堕落性质是偶然的，并非始于天性。人类在既然带有原罪，那能否推出这是上帝创造的失败呢？为了驳斥这样的观点，加尔文区别了天性和本性的差异。前者是上帝起初创造时所赋予亚当的，后者是亚当堕落后所遗传给人类的。通过说明人类的堕落是偶然的，加尔文表明了上帝创造的完美：我们不要埋怨上帝，以为他若不让亚当犯罪，就可以为我们准备更好的安全保障。因为这样的抗议，自大好奇，应为一切虔诚人所厌恶，而且这也是属于预定的奥秘……我们应当牢记，我们的沉沦是由于我们的天性败坏所致，免得我们归咎于那创造我们天性的上帝。

因此，加尔文认为，人因天性的堕落而败坏，但这堕落却不是始于天性："我们否认它是产于天性，是要表明它的性质是偶然或意外的，而不是原始固有的。然而我们称它为本性的，好叫谁也不要以为这是每个人从腐化的习惯所养成，而是从遗传而来。"[93]

91　〔法〕约翰·加尔文：《基督教要义》，上册，第 197 页，徐庆誉、谢秉德译，基督教文艺出版社，2001 年初版（简体增订）。

92　〔法〕约翰·加尔文：《基督教要义》，上册，第 199 页，徐庆誉、谢秉德译，基督教文艺出版社，2001 年初版（简体增订）。

93　〔法〕约翰·加尔文：《基督教要义》，上册，第 201 页，徐庆誉、谢秉德译，基督教文艺出版社，2001 年初版（简体增订）。

通过对原罪论的阐述，加尔文为了双重预定论奠定了基础。

二、自由意志的问题

既然人类因为原罪而全然败坏，加尔文否定了堕落后人类意志自由的可能。在自由被剥夺的程度问题上，加尔文观点非常鲜明，认为人类的意志完全被剥夺。人既知道自己毫无良善，而又为极其可怜的缺乏所包围，就应受教，去追求他所缺乏的善和被剥夺了的自由；接着越承认自己没有力量，就越诚恳地让自己从怠惰中被唤醒过来。因着加尔文对于自由意志的否认，改革宗的圣约观念完全不同于建立在理性自主这一前提之上的社会契约论观念。

在指出人的意志自由被剥夺后所处的悲惨境地后，加尔文通过借助于奥古斯丁的观点批评了人类理性可以支配一切的哲学观点：

我们若承认教父们的权威，就要知道，他们虽把这名词当做口头禅，同时却声明它在意义上的定界限。尤其奥古斯丁毫不犹豫地称意志为奴隶。他在某处明说对否认自由意志的人，极表不满，然而据他所说的主要原因，乃是"不要让任何人借否认意志，来掩饰罪过"。他在别处明白地承认，若没有圣灵，人的意志既然随从情欲，为情欲所征服，意志便没有自由。[94]

加尔文赞同奥古斯丁的意见，认为人所禀赋的自然才能因犯罪而败坏，并且超自然的才能也全被剥夺；后者所指即以那足以使人到达天上生活和永远幸福的信仰之光与正义。所以当人在背叛神的治理后，那原来使他有永远得救希望的超自然禀赋就被夺了。

既然人类失去了意志自由，那么又如何看待人类在各个时代的成就呢？加尔文的回答是，虽然人类还保留了一部分知识与判断力，和局部的意志，但意志堕落腐化则是不容置疑的。因此，分辨善恶和具有理解于判断力的理性，既是一种天赋的才能，自不能全部被毁，乃是局部衰败玷污，以至残缺不全。

三、双重预定论

（一）双重预定的涵义

在加尔文看来，双重预定论指的是救恩对于某一些人是白白赐予，对于

---

94 〔法〕约翰·加尔文：《基督教要义》，上册，第 210 页，徐庆誉、谢秉德译，基督教文艺出版社，2001 年初版（简体增订）。

另一些人却是无由达到的：

在把剩余之民的得救归于拣选的恩典时，保罗清清楚楚地见证说，那所能知道的，就是上帝要拯救那些他的良善旨意所乐意拯救的人，并不是当作酬报，因为没有人有权利要求这种酬报。凡把门关上，阻挡人来接近这教义的，他们不只伤害人，也是伤害上帝；因为除拣选的教义以外，再也没有什么能产生谦卑和感恩的心的。[95]

加尔文提出上帝救恩的预定，是为了突出上帝拣选的主权，以恢复对信仰的敬虔，以避免因为人类的好奇心而陷入迷惘，"他们应当记着，当他们追究预定论的时候，他们就是深入神的智慧的极隐秘处，在这里一个粗心而又自信的唐突者，对于他的好奇心是无法满足，只是叫自己陷入迷途，无以自拔。"[96]在加尔文看来，有些事情是上帝所隐藏的，人类就不能指望通过追问而获得答案。上帝藉着他的预定，拣选了某一些人，叫他们有盼望，对另一些人，则判定归于永远的死亡。

（二）"预知"和"预定"的差别

在加尔文预定论中，对于上帝的"预知"和"预定"是两个不同的概念。"预知"是就上帝乃全能者而言；"预定"是就上帝不变的旨意来说的。当我们说上帝具有预知的能力，这是说，万事自始即在神的面前，今后亦永远如此，所以在上帝的睿智中，没有所谓将来或过去的事，一切都是属于现在的。而且这现在式的情形不仅是他具有概念的感知，好像在我们心中所记忆的当作是现在的事物一样，而是万事万物好像实际都摆在他的眼前，为他所真看见的。这个预知包括着整个宇宙，和一切被造之物。预定则与此不同。所谓预定，乃是上帝永恒旨意，就是神自己决定，他对世界的每一个人所要成就的。因为人类被创造的命运不都是一样的：

永恒的生命是为某些人前定了的，对于另一些人，却是永远的罪罚。既然每一个人都为着或此或彼的，一个终局而创造的，所以我们说，他是被预定了或生或死的。这件事，上帝不仅在某一个个人身上证实了，亦在整个亚伯拉罕的后裔身上证实了，就是明显表示每一个民族的将来情况，都是神所

95　〔法〕约翰·加尔文：《基督教要义》，中册，第 362 页，徐庆誉、谢秉德译，基督教文艺出版社，2001 年版。

96　〔法〕约翰·加尔文：《基督教要义》，中册，第 362-263 页，徐庆誉、谢秉德译，基督教文艺出版社，2001 年版。

决定的。[97]

在加尔文对"预定"论的界定中，对于上帝赐予的恩赐人并没有功劳，而完全是白白的接受。至于蒙拣选的证据问题，呼召就是拣选的证据，而称义是另一个表明的标记，直到他们在荣耀中算为完全。上帝既以称义来印证他所拣选的人，就把当蒙弃绝的恶人摒弃了，使他们不认识神的名，不能得到圣灵的帮助而成圣，好表示所等待他们的，只是他的审判。

加尔文的双重预定论产生了信众对于教会"委身"的神学。教父神学家奥古斯丁以及改教家路德都对预定论做过深入探讨。与他们相比，加尔文的独特之处在于，他不仅仅将神圣的拣选视为心志问题，更是将之看成是信心、谦卑和道德力量最深层的渊源。

进入二十世纪以后，随着对于改教运动研究的深入，现代教会史家越来越发现路德宗与加尔文改革宗在教义上所存在的重大差别，认为加尔文宗强调神的主权这一教义反过来产生出一种特殊的国家观，而路德宗倾向于认为国家至高无上。这样，加尔文改革宗上就与路德宗在国家观上产生分歧：

德国王储们常常决定在什么地方以怎样的方式传福音。但加尔文教导说，没有人——无论是教宗还是国王——可以要求绝对的权利。加尔文从来没有宣扬过"革命权"，但他的确鼓励代议制政府，强调它们有权抵制专政。加尔文宗反对君主施行独裁的思想是现代宪政得以发展的一个关键因素。[98]

第三节　加尔文的圣约观

一、加尔文圣约观点的性质

根据艾拉扎对于圣约传统的研究，自十六世纪以来，圣约神学家们之间一直存在着一个争议，即在慈运理、布灵格及苏黎世学派的圣约观与后来英国的清教徒、加尔文及日内瓦学派的圣约观之间，二者各自在多大程度上代表着对圣经上圣约的理解。前者强调了圣约双方的相互关系、对更大人类责

---

97 〔法〕约翰·加尔文：《基督教要义》，中册，第66-367-263页，徐庆誉、谢秉德译，基督教文艺出版社，2001年版。

98 〔美〕布鲁斯·雪莱《基督教史》（第二版），第292-293页，刘平译，北京大学出版社，2004年版。

任的呼召、对严格意义上的预定论不够重视；后者强调上帝单方面的应许和在被拣选者与被弃者之间的严格区分。

列奥拉德·J·图林特鲁德在《清教徒主义的起源》将两种圣约观概括如下：[99]

慈运理／布灵格：

1、圣约由双方达成，包括上帝有条件的应许和人类作为另一方的回应。

2、履行圣约的义务在人类这一方。

3、圣约在人类一方对上帝的顺服和上帝回报的赏赐中得以履行。

加尔文：

1、圣约是单方面的：上帝无条件的应许。

2、履行圣约的义务在于上帝。

3、圣约在耶稣基督的道成肉身、受死和复活中得以履行。

图林特鲁德的区分被艾拉扎所采纳，认为加尔文强调上帝应许的单方面特征而不是上帝与人立约的相互关系。在否认加尔文圣约观包括了行为之约这一点上，艾拉扎显然有些犹豫。原因在于他无法解释加尔文在日内瓦城以圣约模式进行治理这一事实。一方面，加尔文的政治观中的确包含了对圣约的承诺，这在他1551年关于《塞缪尔书·上》的讲道中反映出来。加尔文坚持认为，日内瓦的公民应该在一种政治上的圣约中联合起来，以使该市政治上和教会的法令得以落实。另一方面，艾拉扎又认为加尔文的圣约基础不符合现代政治分类：

加尔文是如此致力于政治体的圣约基础，以至于他的找到阐释方法甚至将绝对的君主制解释为在他们的基础上有着某种未曾言明的圣约，尽管这是偏向错误的。在这方面，他没有在政体起源三种模式的基础上来给它们分类。毋宁是，他结合了三者，有时他用柏拉图关于政治体的术语称之为"有机体系"，有时他在其中强调金字塔等级制的必要性，尽管他是从圣约中推出其存在。[100]

---

99 转引自 DANIEL. J. ELAZAR, Covenant & Commonwealth: From Christian Separation through the Protestant, pp178, New Brunswick (U.S.A.) and London (U.K.),1996。

100 DANIEL. J. ELAZAR, Covenant & Commonwealth: From Christian Separation through the Protestant, pp182-183, New Brunswick (U.S.A.) and London (U.K.), 1996.

艾拉扎之所以很难理解加尔文的圣约观，根源在于犹太教信仰使他否认三位一体的教义，这样，他就无法接受加尔文的双重预定论。在加尔文这里，恩典之约优先于律法之约，但并没有废除律法。

二、加尔文的律法观

在很大程度上，十六世纪宗教改革运动的任务是要处理律法和福音之间的关系。出于反对天主教在教会治理上的等级制度的政治考虑，路德在神学上比较强调福音，而忽略了律法与福音的一致性。与路德不同，在律法与福音的关系上，加尔文采取了更为平衡的态度。

（一）律法的任务

加尔文认为《旧约》律法有三个任务。律法的第一任务是要叫人知罪。律法的第二任务，是叫那些非受约束就不会关心正义与诚实的人，一听到可怕的律法制裁，至少对律法的惩处有所诫惧。对于以上两个任务，也可适用保罗所说律法是引犹太人到基督目前的教师。律法对信徒的第三个功能是，信徒心里因为有上帝的灵居住，这更接近律法真确的目的。

加尔文确信，即使基督徒也需要律法。律法的三大功能，也是律法的主要功用，这一功用与律法的正当目的有着紧密联系。加尔文认为，在新约时代，律法仍然很有用处，但对于律法的使用要处于圣灵的引导之下。通过律法的正当使用，基督徒可以更加学会顺服上帝：

作为基督徒，上帝的灵已经在他们的心中掌权，但律法的第三大功能，与他们仍然大有关系。虽然他们心中有上帝的律法，上帝以其手指把他的律法刻在他们的心里，这就是说他们已经处在圣灵的引导之下，有了顺服上帝的愿望。然而，上帝的律法仍然在两个地方对他们大有益处。律法是最好的工具，他们可以天天学习，由此认识上帝的旨意，而这正是他们所渴慕的。同时，上帝的律法也向他们证实他们是否明了上帝的旨意。而且，我们不仅需要教导，还需要告诫，而上帝的仆人从律法的这一益处就可大得帮助：通过经常默想上帝的律法，就激发起顺服之心，并在上帝的律法中得以坚固，从过犯罪恶的滑路上回转。[101]

加尔文并不否认路德有关"因信称义"的神学教义，但他认为这一点并

---

101 〔法〕约翰·加尔文：《基督教要义》，中册，第296-297页，徐庆誉、谢秉德译，基督教文艺出版社，2001年版。

不导致律法的失效。守律法不能使人称义，但没有人能否认律法表现义的一种完全模范，所以，对于想要过正直和公平生活的基督徒来说，偏离律法便是犯罪。但对于基督徒来而言，律法不再起着《旧约》时代的审判的作用：

律法对我们不再是一个严厉的强求者，只在我们完全遵行每一禁令之时才感满足，乃是规劝我们达到完全，指示我们全部人生的目标，达到这目标不单是与我们有益，而且是我们应有的职责；如果我们在这样的尝试中不失败就好了。因为整个人生是一个历程，当我们完成了这历程之时，主会叫我们达到那我们在正在努力要到达的遥远目标。[102]

（二）律法的效果

在加尔文看来，保罗废除律法并不是说律法在基督徒生活中不再重要，只是律法不能在良心上定罪。因为律法对信徒有一种劝诫的力量，不是使他们的良心受咒诅，乃是时常以规劝的方式警醒他们的怠惰，和责备他们的缺点。加尔文坚持，在福音时代，道德律同样对于信徒起着约束作用，但不会在产生良心上的谴责：

基督声明说，（太：5：17），他充分证明他来不是要减少对律法的遵守。他如此说是很有理由的，因为他来到特别目的，是叫律法不再受干犯，所以在基督里律法的教训仍然存在，而不可更改；律法以教育、规劝、斥责和纠正造就并准备我们行各样的善事。保罗所谓废除律法，看来不是指律法本身的教训，乃是指律法约束良心的权力。[103]

对于《旧约》中用于祭祀礼的仪律，加尔文认为，废除律法的仪式所废除的只是它们的举行，而不是它们的效果。因为他们在服从礼仪律的时候，就丧失了基督的恩惠，因为当基督成就永远的救赎时，他已经废止了那些天天要遵守的礼仪，这些礼仪只能见证人的过犯，却无法予以消除。

（三）十诫的道德律性质

加尔文对于十诫一般性质的认识归纳出三点：

第一，律法真实的目的在于内心和属灵上的义。加尔文认为，对于旧约

102〔法〕约翰·加尔文：《基督教要义》，中册，第 298 页，徐庆誉、谢秉德译，基督教文艺出版社，2001 年版。

103〔法〕约翰·加尔文：《基督教要义》，中册，第 299 页，徐庆誉、谢秉德译，基督教文艺出版社，2001 年版。

律法，特别是摩西十诫，基督徒要从灵性角度去理解。这样，信徒就能体会到上帝律法的宝贵了，"律法不但是叫我们的生活依从外表的正直，还有依从内心和灵性上的义。虽然大家对这一点都不能否认，但确实注意到人很少，这是由于他们不顾及立法者，实则律法的性质是应该按他的性质来估计的。……但上帝的观察无微不至，他重视内心的清洁，多于外表的行为。" [104]

第二点，解释律法的原则是注意它的目的。加尔文注重从整体上来理解旧约律法的真实目的。这样，加尔文不仅提出了对于律法的理解，同时也奠定了圣经诠释学的基本原则，"解释训诫的最好准绳，是注意这训诫的目的：每个训诫应当从颁布律法的目的来看……在每个诫命中，我们要首先研究它的对象，然后研究它的目的，直到发现什么是这立法者所喜悦的，什么是他所厌恶的。最后，我们必须从诫命中，引出相反的结论……" [105]

从这一点出发，加尔文对十诫的阐释完全是新约式的，建立在"爱人如己"这一总的诫命之上。加尔文以摩西十诫中的"不可杀人"为例，阐述了如何以整体目的来理解旧约律法，"一般人的见解都以为不过是说，我们不应该有损伤别人的行为，和犯罪的意向，但我认为它还包含有积极的意义，就是我们应尽一切可能，保全我们邻舍的生命。这不是没有根据的，我可以用下面的方式来证明：上帝禁止我们危害我们弟兄的安全，因为他希望我们重视他的生命，所以他同时要我们有爱心，以爱来保存生命。因此，训诫的目的常告诉我们，什么是命令我们行动的，而什么是禁止我们行的。" [106]

加尔文的圣约观集中体现在他对于十诫两部分之间关系的处理上。上帝把他的律法分为两部分，包括完全的义：第一部分是关于宗教的本分，特别是指对上帝的敬拜；第二部分是指仁爱的本分，这是关于人事的。义的基础即是敬拜上帝；如果这一个基础破坏了，其他的义，犹如败坏颓废，四分五裂，便不足数了。加尔文论证道，因为没有敬畏上帝的心，人与人当中就没有公道和仁爱了。所以敬拜上帝是义的原则与基础，因为若没有义，人的一

104〔法〕约翰·加尔文：《基督教要义》，中册，第 309 页，徐庆誉、谢秉德译，基督教文艺出版社，2001 年版。

105〔法〕约翰·加尔文：《基督教要义》，中册，第 311 页，徐庆誉、谢秉德译，基督教文艺出版社，2001 年版。

106〔法〕约翰·加尔文：《基督教要义》，中册，第 312 页，徐庆誉、谢秉德译，基督教文艺出版社，2001 年版。

切所谓公道、节制，在上帝看来，都是没有价值的。

第四节 布灵格的圣约观

J·韦恩·贝克认为，在早期改革宗的圈子里，对于唯独信仰和唯独恩典的改革宗教义有着两种不同的表达。占据主流的是奥古斯丁的见证思想，它伴随着对双重预定论点确认，这在加尔文的著作中找到其经典阐述。与带着强烈预定性质的加尔文传统并存的是布灵格的条件性圣约观念。[107] 在论争中，见证神学成了绝对预定论立场的逻辑前设，而那些持有圣约观念的人则更多确信一种更为温和的单一、或者一种有条件的预定教义。

一、布灵格圣约观的理论来源

（一）茨温利的圣约观点

以一个圣约或遗嘱作为上帝和信徒之间关系的基础，这在茨温利同时代人中及其普遍，但茨温利是第一个发展出圣约团体思想的改教家。茨温利对于圣约团体的第一次清晰表述是在 1525 年 11 月。茨温利使用圣约团体术语的关键著作是他在 1525 年 11 月 5 日写的"答胡布迈尔"，这是他见证式团体的一个清楚例子。圣约是一个包含了所有时代整个救恩领域的恩典之约，"进入圣约意味着加入教会，成为上帝子民的一部分。新约即是与亚伯拉罕之间的旧的圣约——这里有同一群人民、同一个信仰、同一个上帝。为了展示他们的团体，茨温利甚至提供了一个比较两约的表格。"[108]

根据 J·韦恩·贝克的研究，茨温利圣约或见证观念最重要的方面在于他圣约团体的理念；其次是他界定了圣约神学的三个基本要点；再次，他确定了圣约的社团性质。茨温利的思想带来了圣约神学的一个新加的方面，至少在救恩意义上指出旧约和新约的一致性，这实际上与见证或圣约的一致性相关联。

（二）布灵格的发展

现代圣约学者韦恩·贝克认为，布灵格的作品不仅先于加尔文，而且更

---

107 J. Wayne Baker, Heinrich Bullinger and the Covenant: THE OTHER REFORMED TRADITION, pp27, Ohio University Press Athens, Ohio 1980.

108 J. Wayne Baker, Heinrich Bullinger and the Covenant: THE OTHER REFORMED TRADITION, pp2, Ohio University Press Athens, Ohio 1980.

清晰地阐释了神学政治的圣约教义。布灵格给予了新教圣约主义一个首要的神学表达。作为茨温利在苏黎世的继承人，布灵格是一个有着影响力的人物，其观念在整个西欧被神学家和哲学家们所熟知。布灵格在 1525 年后期具有了清晰且完整的圣约理念。在圣约的理念上，布灵格不仅强调圣约团体，而且也清晰且紧密地把他的圣约理念和新约解释学及救恩上的原则捆绑在一起。在韦恩·贝克看来，布灵格的圣约思想不是奥古斯丁式的。奥古斯丁的思想是见证神学，而不是双边的圣约观念：

在解释学上看，奥古斯丁视新约浮现在旧约中；在救恩论上，他看新约或圣约隐藏在旧约里。奥古斯丁很清楚约、见证、以及上帝子民的一致性。从亚当到世界末了，只有一群因信仰而得救的上帝子民，即教会。尽管布灵格经常引用奥古斯丁，在奥古斯丁的思想中没有双边圣约。[109]

二、布灵格的单一预定论

布灵格的双边圣约观建立在单一预定论基础之上。现代派神学研究圣约的学者从严格遵循圣约的对称性出发，认为只有上帝和人之间在缔约地位完全平等的双边圣约才能称得上是真正的圣约，而加尔文的改革宗神学只是见证而已。这样的观点其实没有深入体会基督教信仰在恩典和行为之间所作的微妙区分。这一神学上的缺失导致了对于加尔文双重预定论的误解。

这样的观点认为，布灵格的单一预定论倒为圣约神学奠定了基础，因为加尔文在双重预定论界限之内的见证神学清晰地避免了对于新教称义这一主要原则的任何消弱。对于加尔文来说，预定论补充了唯独因信并保障了唯独恩典。布灵格则没有回避这样的问题，也没有试图解决在条件性的圣约和唯独恩典之间的张力，他认为圣经中也有这样的张力。

以严格的对称性为前提，布灵格的双边圣约似乎更符合订立圣约的模式，因为他试图在条件性的圣约和预定论的唯独恩典两者之间取得某种平衡，以此来建立一个强官员纪律的基督教共和国。然而，以上帝和选民在订立圣约中的地位平等来理解圣约的双边性的实在是没有体会到"唯独恩典"的涵义。如此一来，布灵格的双边圣约观必然导致在救恩中上帝和人合作的结论。

109J. Wayne Baker, Heinrich Bullinger and the Covenant: THE OTHER REFORMED TRADITION, pp20, Ohio University Press Athens, Ohio 1980.

对于布灵格而言，圣约是上帝与他的子民在历史中通过它来合作的外在工具。一方面，布灵格坚持一种条件性的圣约；另一方面，他又坚持在包含在一个精心陈述的单一预定论之内的唯独恩典。他以圣约式的术语同时阐释唯独因信和唯独恩典，而又不陷入这样逻辑看上去所会导致的半－伯拉纠式的立场。[110]

布灵格的理想是在基督徒官员的完全权威之下建立一个圣约式的基督教共和国。既然上帝与其子民所订立的圣约是一个单一的、永恒的圣约，基督教共同体的规范在旧约中已充分建立起来。虽然对于共同体及旧约的强调不是布灵格所独有的，但强调在一个圣约式共同体内官员纪律的观念是他的特色。条件性的圣约概念是布灵格整个基督教社会理论的基石。在基督教共和国中，执行圣约条件的是基督徒官员，民事政府完全控制了纪律。另一方面，加尔文和贝扎把开除教籍的权力和执行教会纪律的权力交给了宗教法庭手里。

布灵格很难以这样的方式来调和二者之间的内在冲突。但在其他地方，他主张基督的献祭"洗清了全人类的罪孽"以及它把"公义带给了全世界"。而且，在《见证》（De testamento）中，他提到上帝和全人类所订立的永远圣约。这样的论点，加上布灵格很少试图在拣选的语境中讨论圣约，致使一些人认为布灵格的圣约思想把他推到了普遍主义者的立场，也即后来所谓的阿明尼主义。韦恩·贝克称布灵林是一位有着双层强调的温和单一预定论者：

上帝拣选那些相信的人是因着、通过并为了基督；因此，救恩完全来自上帝白白的恩典。因此，布灵格写道："上帝因此把每一个人都圈在罪之下，以此他向所有人显示怜悯，而整个世界可以荣耀并赞美他。"但是"这里也弃绝了所有的自由意志、所有的理性、努力和所有的德行……因此，救恩不是出于我们的意志、努力、行为或德行。"这里的张力是很明显的——上帝的普遍呼召和上帝的拣选。布灵格强调所有信的人在上帝在其永恒的计划中被拣选。因此，只有通过传讲他的话语来对上帝的呼召作出回应，一个人的拣选才可以显明；也即那些信的人都被上帝所拣选。[111]

---

110 J. Wayne Baker, Heinrich Bullinger and the Covenant: THE OTHER REFORMED TRADITION, XXii-XXiii, Ohio University Press Athens, Ohio 1980.

111 J. Wayne Baker, Heinrich Bullinger and the Covenant: THE OTHER REFORMED TRADITION, pp29-30, Ohio University Press Athens, Ohio 1980.

　　但是，在十六世纪二十年代，布灵格也弃绝了神人合作说，好几次清楚地否认自由意志。……因此，在十六世纪二十年代，布灵格确认拣选并反对自由意志，但是他也确信人可以在其中理解历史中的拣选的普遍呼召。在接下来的二十年里，布灵格没有改变他的观点。他不想接受一种双重预定论点教义。布灵格的困难在于，他要在上帝的恩典和人意志之间进行选择。而这样困境在奥古斯丁和加尔文那里并不存在。布灵格想同时维护上帝的诚实和人的责任，却不否认上帝的自由。他同样清楚地否认上帝造成了人类的罪恶，以此平衡他对信仰和称义乃上帝免费的礼物之确信。人受谴责是因其自身的过犯；人自由地犯罪并非受强迫。究其原因，从神学上看，上帝的拣选只能是恩典，而不掺入任何人的一方的因素。布灵格既然不赞同加尔文的双重预定论，那他只能在人的自由和上帝的良善之间摇摆了：

　　尽管上帝在基督里的拣选发生在世界被创造之前，"这并意味着上帝的预知把我们引向不敬虔的事情，或者对罪的追究可以回溯到上帝。"人类不是因为上帝预知他们的拒绝而拒绝救恩；相反，因为他们要拒绝，上帝才预知他们的拒绝。因此，在拒绝拯救的那些人的情形中，有着未预定的预知；但那些上帝所预定的人因为他的拣选而有信仰。对于生命的预定并不依赖于对行为的预知，而是依赖于完全的恩典。[112]

　　布灵格双边圣约神学困境的根源在于，他不能解释原罪这一基督信仰前提。加尔文"上帝不仅预知，也预定并安排了亚当的堕落"这样的教义看起来会使上帝成为恶的起源和罪之根源。进而，布灵格不能接受这样的思想：上帝实际上向人类隐瞒了真理，因而只有少数人才明白"上帝的普遍应许和基督的话语"。现在的教会史学者发现，有足够的证据表明布灵格的神学试图在寻找恶的起源，而这正是加尔文所要避免的。尽管布灵格表面上，是在维护上帝的公正，实际上只是进入一个主张人意志自由的陷阱中：

　　上帝的旨意是绝对的，但他通过人来工作，使人作为次要的工具。他允许罪，但他没有造成它，他没有控制它或强迫它。实际上，允许是上帝神圣旨意的一部分。因而，布灵格精炼地概括了他的论点："上帝当然不是恶的作者（在这场争论中，这好像是神圣的避风港），他没有控制恶或驱使它成为罪，也没有把人的意志引向罪；相反，恶的每一个原因和起源都来自魔鬼

112J. Wayne Baker, Heinrich Bullinger and the Covenant: THE OTHER REFORMED TRADITION, pp30, Ohio University Press Athens, Ohio 1980.

的邪恶和人的自由意志。"他继续写道，历史上，人的自由意志存在于三个阶段或条件。在亚当堕落之前，意志是绝对的完全、良善和自由的。作为堕落的结果，人类的理智和意志受到亏损但没有被摧毁。在一种意义上看，人没有自由意志，因为他对神圣一无所知；但在另一种意义上，人的意志是自由的。他自由地选择犯罪并甘愿堕落。[113]

在付出了神学上的巨大代价后，布灵格建立了类似于犹太教圣约传统的双边圣约神学。

三、条件性双边圣约观

在贝克看来，布灵格的圣约观念不同于路德及加尔文的圣约观。他的圣约是一个相互性的或者说双边的圣约，而他们的圣约则是单边的见证。如果将见证排除在订立圣约之外，那无疑抽去了改革宗圣约神学的基础，这必然导致信仰三一上帝这一基督信仰核心的解体。而布灵格双边圣约观正是建立在见证和圣约的区分这一假定之上的。十六世纪存在见证（testament）神学和圣约（foedus）神学的区别，布灵格是少数在其真正意义上使用圣约（foedus）的。在十六世纪，大多被称为"圣约"的神学实际上只是见证（testament）神学。一般地，见证（testamentum）有双重所指：解释学的涵义是指旧约和新约；救赎的涵义是在应许的术语上指的是见证上帝。当十六世纪的大多数神学家使用圣约（foedus）这一术语时，他们是在救赎的意义上视为见证。基督既是遗嘱人，同时又是应许的产业、及被拣选的、继承人。圣约作为一种双边的、相互间协议的观念常常被忽略了。另一方面，布灵格同时使用"foedus"和"testamentum"这两个术语来指一个相互性的协约或圣约。对于布灵格而言，尽管testamentum也带有最后的遗嘱和应许的含义，上帝与人之间的协议不仅包括了上帝的应许，同时也包括了人有义务去满足的特定条件。因而，对布灵格来说，testamentum兼有两层含义的更宽泛术语。它同时包括了应许的观念和作为相互性的协议或协约"约"（foedus）的涵义。按照见克这样的理解，加尔文的圣约观就失去了清晰性，而成了见证。

为了化解布灵格理论中存在前后不一致的困难，贝克提出了一个理解布灵格的新思路，即以他的圣约思想来回溯其单一预定论思想，"布灵格预定

113J. Wayne Baker, Heinrich Bullinger and the Covenant: THE OTHER REFORMED TRADITION, pp36-37, Ohio University Press Athens, Ohio 1980.

论的教义必须在他圣约思想的语境中来理解。因为他的体系，如其所成为的那样，是以圣约为中心。他的圣约观念基于他对圣经的注释以及他对于上帝在历史如何作为的理解之上，而不是逻辑上的归类或教条式的归纳。事实上，当布灵格从圣约历史研究拯救时，他的重点常常趋于靠近普遍主义，虽然他总是小心地捍卫着上帝白白的恩典。"[114]这样，布灵格的圣约观更多类似于犹太教的圣约观点，把"约"的性质上看成人和上帝之间交往的条件。在他看来，拣选的教义因此与圣约紧密联系在一起。浸洗把人带入了圣约共同体——教会。浸洗是属于上帝百姓的标志和称义的保证。在接受了这样的圣约记号后，个人有义务通过在基督里的信仰来爱并信上帝，同时爱并服事其邻舍。这些是圣约中有关人的条件，而如果一个人满足了这些条件，他就成为选民之一。[115]

韦恩·贝克认为，布灵格强调圣约作为上帝用来处理与人关系的工具；只有个人遵守圣约的条件，上帝的拣选才会在历史中具有约束力。布灵格不接受原罪论，否认人意志自由的缺失和恩典的先在的，他的圣约观显然不符合正统改革宗的教义。真正继承了改革宗圣约传统的是约翰·诺克斯，他在加尔文之后发展出了清教徒的圣约神学。

---

114 J. Wayne Baker, Heinrich Bullinger and the Covenant: THE OTHER REFORMED TRADITION, pp39, Ohio University Press Athens, Ohio 1980.

115 J. Wayne Baker, Heinrich Bullinger and the Covenant: THE OTHER REFORMED TRADITION, pp52, Ohio University Press Athens, Ohio 1980.

第三章　清教圣约神学和清教徒的"西奈圣约"

本章分三节。第一节，诺克斯的反抗权理论。本节探讨诺克斯圣约神学的教义基础及其形成过程。第二节，清教圣约主义神学。本节探讨清教圣约神学的教义基础及其主要内容。第三节，"五月花号公约"事件——清教徒的"出埃及记"。本节介绍了五月花号公约订立的背景、经过，并分析公约的圣约性质。

第一节　约翰·诺克斯的反抗权理论

清教研究专家钟马田博士（Dr. David Martin Lloyd）在其《清教徒的脚踪》一书中认为，约翰·诺克斯是清教主义的创始人。[116]

第一，诺克斯的独立创新思想对清教徒的影响，"清教徒基于他的本性与精神，永远不会是那个代表既成体制的人，这是由于他的独立性与创新精神。也因为他自己研读圣经，渴慕认识真理，就不管别人怎样说。"

第二，约翰·诺克斯有资格称为"清教主义的创始人"，是因为他能把清教主义信仰的导向原则明确地实行出来。

在这些原则中，首要的是以《圣经》为最高权威。这是诺克斯坚守的原则，如果没有《圣经》的根据，他就绝对不去做，也不准许弟兄们去做。第

116　钟马田对诺克斯作为清教主义创始人的分析，参见《清教徒的脚踪》中"约翰·诺克斯——清教派的创始人"章，梁素雅、王国显译，以琳出版社。转引自〔英〕托马斯·麦克里：《〈诺克斯传〉代序》，华夏出版社，2008年版。

二个原则，主张教会"改革要延伸到根部与枝条"，这话出自诺克斯之口。与加尔文主义中的其他流派相比，清教徒提出对改革最为彻底的要求，不仅要求改革教义，也要把改革贯彻到实践方面，包括对教会本质的整个看法。诺克斯把教会恢复到《新约》圣经里的模式。基于此，他认为必须改革教会的仪式，就是教会崇拜的处理和所有圣礼的施行。钟马田从反抗权的角度出发，高度评价了约翰·诺克斯对于清教主义形成的贡献，认为诺克斯有独特敏锐的眼光，对圣经也有独到的见解，尤其表现在必要时与掌权者对抗、甚至要把他置于死地这一见解上。支持这一观点的包括英国内战时期诗人弥尔顿对于处死查理一世的辩护。弥尔顿在为处死查理一世辩护的文告中多次引用约翰·诺克斯的见解作支持，可见，约翰·诺克斯堪称清教主义的创始者。

一、诺克斯圣约神学观点的形成

诺克斯圣约神学的特点在于，他把反抗权与上帝的主权联系在一起。他的理论形成可以分为两个阶段，即前期的温和反抗论及后期的反抗权理论。

（一）温和反抗论

大体说来，1558 年是诺克斯反抗理论从早期到后期的分界线，在这之前，他持一种温和的反抗理论。[117]1553 年 7 月支持新教改革措施的英格兰国王爱德华六世去世，继任者，信奉天主教的玛丽女王登基。议会也废除了所有支持改革的法律，并恢复罗马天主教制度。为了躲避仇敌的追击，当时在英格兰做牧师的诺克斯乘船前往法国，并于 1554 年 1 月抵达了诺曼底的港口迪耶普。他给原来在英格兰的会众写了一系列的信件，主题是警告他们不可背弃先前所承认的道，也不可赞同他们身边的偶像崇拜。

尽管这样的一种不容妥协的立场是完全可预测的，但诺克斯在对其支持中所运用的论证却并非如此。因为，在这样的处境中，他首次有了这样的想法，即参与弥撒不可挽回地背弃了"上帝的联盟和圣约"，这"意味着我们宣告自己与所有的偶像为敌"。通过更新后的摩西圣约的术语来表达，诺克斯将对偶像的避免从一种简单的圣经上的教导转换成了在上帝和选民之间缔

117　　对诺克斯早期反抗论形成的论述，参见 ROGER. AMASON, Introduction to On Rebellion of JOHN KNOX, viii-xiii，剑桥政治思想史原著系列（影印本），中国政法大学出版社，2003 年版。

结的正式立约的一项条款。而且，根据诺克斯的解释，正如履行圣约条件的奖赏是永恒的救赎，同样，背弃它们的惩罚是永远的刑罚。结果，在多铎的玛丽统治的场景中，诺克斯对圣约作这样严厉规定的阐释使得民事不服从成了救赎的一个前提。

罗杰·A·蒙森提出，在这个阶段，诺克斯对公开反抗上还持有怀疑的态度，此时诺克斯虽然已经把圣约观念用于政治领域，但并未强化对于不合神心意统治的绝对抵抗。诺克斯此时仍然告诫他的追随者们"不要认定作为自己案件的复仇者，而是要把你们的冤情呈交给主"。虽然这样的非抵抗策略会给他在英格兰队新教同伴带来实践上的被动，但在 1554 年，诺克斯的神学观念还没有超出改教家对于《罗马书》十三章使徒保罗教导的一般理解：

因为，他的"忠诚归于上帝而不是人"这样的信仰有一个完美的圣经根据（徒 5：29）；同样，掌权是神所命的，抗拒掌权的就是抗拒神的命，必受永远的刑罚（罗 13：1-7）这样的论点同样如此。保罗后面的命令是那个时代最具影响的圣经教导；而除了主张在所有与神的律法相抵触的事情上采用一种消极的策略外，诺克斯无意否认它。而且，他的立场与欧洲新教主要人物的观点相一致。[118]

诺克斯此时的神学政治观点受加尔文很大影响。在这段时期，诺克斯有机会去瑞士教会考察，这样可以听取其他宗教改革家们对于抵抗权的态度。布灵格的回应很谨慎，他提出，虽然以上帝和道的名义有可能使反抗正当化，很大的危险在于，卑劣的动机会化妆隐藏在宗教热忱的面具之下。加尔文的答复与布灵格的观点差别很小，并没有给诺克斯带来多大的鼓励。他们信仰强调政治权威的神圣性质，而且他们急于使自己与再洗派的激进做法拉开距离。

考虑到这些因素，蒙森认为，加尔文和他的同事们在 1550 年代早期穷于为抵抗提供任何正当化的理由。在诺克斯流亡期间，因为直接处在加尔文的影响之下，他对这些限制变得更为敏感。结果，他在英格兰继续忠实于正统的加尔文主义路线，在所有与神的律法相抵触的事情上采取不服从的策略，但被动接受了这样的立场可能加在他们身上的任何迫害。

118　ROGER A. MASON, Introduction to On Rebellion of JOHN KNOX, vii，剑桥政治思想史原著系列（影印本），中国政法大学出版社，2003 年版。

（二）反抗理论的形成

随着对保罗神学思想中服从理论研究的深入，诺克斯开始考虑以承认武装抵抗崇拜偶像的统治者可能性这样的方式来阐释保罗关于服从的命令。只是，他这样做时有着重要的保留。毕竟，正如加尔文所确切无误地告诉他的那样，挑战抵抗的一般原则也会为挑战那些恰是他期盼着用于实施神圣统治的权力提供手段。在蒙森看来，诺克斯主张反抗的目的在于建立一种他心目中的神圣共和国，而不是反对律法。他的反抗理论形成的背景不同于建立一个有着严格纪律的加尔文式的理想社会背景；在这样的社会中，对于世俗社会的服从同样重要。

在离开迪耶普之前，诺克斯给苏格兰发了两份长信。第一封签署的日期是 1557 年 12 月 1 日，发给全体新教徒；另一封的日期是 12 月 17 日，发给贵族阶层。在给苏格兰贵族的那份长信中，诺克斯写道：

谣言正在欧陆传播，说苏格兰将要发生一场叛乱。他严肃地告诫所有皈依新教信仰的人不可加入其中；并且要他们谨慎，不可支持那些为了属世的晋升和其他私人目的而试图扰乱政府的人。贵族阶层是国民自由权利的护卫者；超过这个限度，他们可以不必顺服；但不应该用对抗来解决问题，除非局势在专制暴政的压力下走向极端。[119]

根据麦克里的分析，诺克斯在写给新教贵族的那封书信洋溢着热烈和高度的敬虔气息。他竭力净化他们的心思不受自私和属世原则的浸染，在那封信里，他对于是否抵制最高执政者的微妙问题也提出了自己的建议。在反抗权神学观点的形成过程中，诺克斯于 1558 年出版的两本小册子起了具非常重要的作用，成了研究诺克斯清教圣约神学的重要文献。一本叫《致太后的信》，另一本是《呼吁和警戒》。这两本著作都被传到苏格兰，对于改革宗思想的广泛传播作出了不小的贡献。第二本小册子的主旨在于教导和鼓励那些对改革宗信仰抱有好感的人士，特别是写给贵族及社会主流阶层。

诺克斯在文中指出，关怀和改革宗教信仰属于民事行政官的工作，是他们的首要职责之一。这既是自然的原则，也是启示的原则；他不会在过这个问题上过多纠缠，免得让人觉得他似乎在暗示说，苏格兰的达官显贵"对于上帝的宗教之关心程度，甚至还不及异教徒对于偶像崇拜的态度"。下级的

119　〔英〕托马斯·麦克里：《诺克斯传》，第 115 页，宏恩译，北京：华夏出版社，
2006 年版。

行政官员（在他们的管辖范围之内）、王国的贵族和主流阶层以及君王和诸侯，都必须担负这份重大责任。诺克斯然后又转向苏格兰的平民大众，结合当时引起骚动的重要争议，指出他们的责任和利益所在。他们是理性的受造物，按照属地的形象构成；他们的灵魂须要拯救；他们对自己的行为负有责任；他们必须对信仰的真理作出判断，并公开承认——这也是君王、贵族和主教所当行的。

对于诺克斯而言，要论证反抗权的主张符合《圣经》教导，关键在于重新解读保罗在《罗马书》十三章关于服从掌权者的教导。事实上，在早期宗教改革运动中，路德和加尔文依据这段圣经来限制人民的抵抗权。由此，蒙森认为，《呼吁》是诺克斯著作中最重要的，同时也是最容易误读的，它涉及到诺克斯反抗权理论中一个最为核心的问题：在不否认罗马书十三章权威的同时建构一个贵族反抗非神圣统治的理论之基础：

这个理论关键的要素在于这样的思想，即，因为圣保罗说过，"掌权者"（复数）是由上帝所命，在每一个王国中，必须有替代性的（虽然是次一级的）官员。正如国王的一样，他们的职位乃神圣创设；而他们的职责也同国王的一样，在于根据上帝的律法改革宗教。苏格兰次一级官员主要是贵族。因此，作为"上帝所任命的合法掌权者"，诺克斯的《呼吁》是写给他们的。[120]

从反抗神学发展的历史看，在诺克斯之前，路德和加尔文并未毫无条件地赞同忍受暴政的统治。诺克斯的贡献在于，他把暴政的不可忍受彻底化，这样为他发展出激进的政治思想做了铺垫。诺克斯如何调整路德、加尔文的有限抵抗理论？这可以从他的圣约观中找到答案。蒙森在对诺克斯两本重要的政治神学著作——《第一号角》和《呼吁》的写作环境做了研究后认为，对诺克斯阐明的一般原则和他认为可以运用的具体环境之间进行区分非常重要。如果忽略了具体的环境，就不能理解诺克斯对于英格兰教会和苏格兰教会在抵抗问题的上所采取的不同态度。

在《呼吁》的任何地方，诺克斯都没有指示苏格兰的贵族根据它起来反对适时建立的权威。相反，只有英格兰的低级官员接受到这样明确的激进指示。在《第一号角》中，诺克斯没有明确提到圣约；它在《呼吁》所被使用

120　〔英〕托马斯·麦克里：《诺克斯传》，xviii-xix，宏恩译，北京：华夏出版社，2006 年版。

的方式有助于我们解决诺克斯在 1558 年代信件中为何为苏格兰和英格兰制定不同行动方案这样的困惑。……不可否认,在《呼吁》中不明确提到在圣约之下,人民惩罚拜偶像者并对针对上帝的神圣性所犯伤害进行报复的义务。但在每一个情形中,通过附加"根据每一个人的呼召"这样的限制性短语,诺克斯引入一种模糊的说明。如何解释诺克斯在这两本书中政治态度的重大不同呢?原因在于英格兰是一个圣约民族,而苏格兰不是,"如同'亚伯拉罕肉身体上的后代'那样,在他们处在埃及奴役时代,苏格兰人的义务仅仅在于避免拜偶像;但在完全拥有迦南地后,他们现在的责任必须要压制它。像在他们前面的英国人一样,他们进入了与上帝订立的圣约,这限定了他们去履行神圣的命令,即拜偶像者——包括君主拜偶像者——必须付出死亡的代价。"[121]

通过以上对于诺克斯反抗神学发展的梳理,不难发现,正是依靠了圣约观,诺克斯得以突破早期改教家关于反抗权限制的理解,进而发展出具有清教主义反抗特色的圣约神学。

二、诺克斯圣约观点的主要理论来源

(一)加尔文主义的影响

道格拉斯·F·凯利认为,加尔文对于诺克斯的影响主要是在对归正神学和《圣经》权威性理解方面。但是,在圣约神学的建设上,他更多地受到旧约时代神权政治模式的影响。与加尔文相比,他更少受到人文主义和自然法传统的洗礼。因此,"苏格兰人的宗教改革既在国家层面上展开了加尔文主义的内涵,又在一个激进的方向上超越了加尔文主义。后来证明这个方向在第一程度上形成了这个世界未来的思潮"。[122]

另一方面,加尔文上帝绝对主权观也隐含着对平等的追求。尽管加尔文主义者从来没有宣称自己是社会平等主义者(甚至他们也反对平等主义),但随着历史的演进,他们关于上帝至高权威的立场产生出了巨大的追求社会平等的力量。拒绝世俗的"偶像崇拜"就必然要服从至高主权,即上帝在《圣

121　〔英〕托马斯·麦克里:《诺克斯传》,xxiii-xxiv 宏恩译,北京:华夏出版社,2006 年版。

122　凯利对于加尔文影响的分析,参看〔美〕道格拉斯·F·凯利:《自由的崛起:16-18 世纪,加尔文主义和五个政府的形成》,第 69 页,王怡、李玉臻译,南昌:江西人民出版社,2008 年版。

经》中所启示的圣道。

（二）苏格兰传统的封建传统

诺克斯的圣约观念受到当时苏格兰国内新教改革宗影响较深的"主的教会"成员圣约观点的影响。经过诺克斯的努力，苏格兰的宗教、政治、文化都出现了渴求改教与归正的氛围。"主的圣会"与古伊兹家族的玛丽斗争的理论基础正是圣约的观念。在苏格兰改教的时期，以及改教之后的很长一段时间，圣约神学一直都是核心思想。圣约的观念在这里超越加尔文，得到进一步的发展。而1558年的《申诉》则是诺克斯圣约神学最全面的表述。诺克斯认为，基于圣约，政府和人民受制于上帝的律法。他对圣约这一概念的阐述，建立在对《旧约》经文忠实释经的基础之上：

诺克斯的圣约观受到了"主的圣会"成员的欢迎。部分因为苏格兰的政体渊源，和其他欧洲王室一样，根源于中世纪封建主的不明确的契约关系之上。这种契约就像一枚婚戒，把宗教领域和世俗领域混合在一起。另一部分原因，就像威廉森在他的《詹姆斯六世时代的苏格兰国家意识》一书中谈到的那样，英国新教徒在十六世纪的末世论，即对基督再来和上帝之城与世俗之城的关系的教义，显然影响了作为大不列颠一部分的苏格兰。尽管在这里，末世论教义已显得有些激进。[123]

因此，与加尔文相比，诺克斯显然更为激进，更接近于一个旧约时代的希伯来先知。诺克斯坚持认为上帝同人民的圣约直接赋予了人们反抗一切不尊崇上帝主权的权力，而无论是否有"低级别官员"的领导。

（三）《旧约》圣经中的圣约

诺克斯之所以能突破其他改革家在反抗权上的限制，很重要的一点在于他对于《旧约》的重视。诺克斯认为，《旧约》里的圣约体系是以上帝为中心的，作为一种敬虔的责任和个人良心的平安与自由，人民应当起身反抗一个违背基督信仰的世俗政权。诺克斯完全"以神为本"的思想与乔治·布坎南在《苏格兰宗教改革的法理》一书里的立场有很大不同。他们的分歧在于，"布坎南认为，这种权力源于一种自然形成的或形而上的人民主权；而诺克斯认为，这种权力只能是由上帝话语和圣约之下的上帝子民的职责来确立。"[124]

123　〔美〕道格拉斯·F·凯利：《自由的崛起：16-18世纪，加尔文主义和五个政府的形成》，第74页，王怡、李玉臻译，南昌：江西人民出版社，2008年版。

124　〔美〕道格拉斯·F·凯利：《自由的崛起：16-18世纪，加尔文主义和五个政通过对于清教圣约神学发展史的梳理，凯利将诺克斯看成从加尔文过渡到布坎南和阿尔图修斯的中间人物。诺克斯将加尔文的上帝主权与人民反抗的思想发展到极致，并使其在国家的层面上得到实践。而布坎南和阿尔图修斯，以及后来的政治思想家则将诺克斯的圣约神学的思想进一步转换为人民主权和民主革命的基础，并通过淡化其基督教信仰的神学背景，扩大了它在世俗国家和即将到来的理性主义时代中的发展。

三、诺克斯圣约观点的主要特征

（一）圣约责任的整体性

诺克斯从上帝的绝对主权出发，强调对上帝的责任遍及人民的整体及其中的每一个成员，而不分身份或荣誉。如果上帝要求他顺从，或者因为其过犯而对他实施惩戒，很明显，无论是等级、身份，还是荣誉都不能使得偶像崇拜者免遭上帝之手的处置。诺克斯引用《旧约》中的经文来支持他关于任何成员不得拜偶像的责任。如果被明显地确认实施了或者引导他人拜偶像，任何人不得免除惩戒。诺克斯引用了《旧约·历代志下》亚撒与人民所订立的要求侍奉上帝并持守他的圣约，他们立约把死刑加诸于背离它的人：也即，"凡不寻求耶和华以色列神的，无论大小、男女，必被治死。"（《历代志下》15：13）

在诺克斯看来，耶和华对这个誓约很满意，"他喜悦他们并使他们四境得平安，因为他们尽心寻求他，根据他律法的训诲、不顾及人的颜面来惩戒那些违反者。我说，这是我希望阁下所要注意到开头：没有任何偶像崇拜者可以免除上帝律法的惩戒。"[125]

圣约整体性的第二点在于惩戒的普遍性，而不管违背者的政治身份、地位如何。诺克斯认为，对于诸如拜偶像、亵渎和其他冒犯上帝尊荣的犯罪所施加的惩戒不仅适用于国王和主要的统治者；任何时候，只要人们清楚地知道这样的不敬虔，根据每一个人的职责，根据上帝用来针对他荣耀所行的损害进行报复的可能性和场合，这样的惩戒也适用于人民的整体及其中的每一位成员。为此，诺克斯引用了约书亚在《申命记》中对于以色列民不得背叛

府的形成》，第83页，王怡、李玉臻译，南昌：江西人民出版社，2008年版。
125 JOHN KNOX, On Rebellion, pp99，剑桥政治思想史原著系列（影印本），中国政法大学出版社，2003年版。

的告诫:

在你耶和华你神所赐你居住的各城中，你若听人说，有些匪类从你们中间出来勾引本城的居民，说：'我们不如去侍奉你们素来所不认识的神。'你们就要探听、查究，细细地访问，果然是真，准有这可憎的事行在你们中间，你必要用刀杀那城里的居民，把城里所有的，连牲畜都用刀杀尽。你从那城里和其内所夺的财物都要堆积在街市上，用火将城内和其内所夺的财物都在耶和华你神的面前烧尽，那城就永为荒堆，不可再建造。那当毁灭的物，连一点也都不可粘你的手。耶和华就必转意不发烈怒，恩待你、怜恤你。(《申命记》13 章 12-17 节)

（二）世俗权高于教权

诺克斯圣约神学中非常不同于加尔文的地方在于，加尔文更强调教会权力对于世俗权力的优先性。诺克斯引用《出埃及记》中摩西和亚伦关系的例子来说明世俗权力的优先性。因为在以色列建立他的秩序时，上帝如此地让亚伦（在其祭司的职位上乃基督的样式）从属于摩西，以至于他不用顾虑地在审判中传唤他，并且勒令他放弃纵容偶像崇拜的恶行，正如圣经历史明白无误地证明的那样。凯利特别提到诺克斯对于《出埃及记》三十二章的引用。在这段经文中，摩西为亚伦求情的例子足以说明世俗权高于教权：

摩西将他们所铸的牛犊用火焚烧，磨得粉碎，撒在水面上，叫以色列人喝。(由此宣告了他们的偶像的虚幻和对他们的弃绝)。之后，摩西对亚伦说："这百姓向你作了什么？你竟使他们陷在大罪里！"这样，我以为，摩西确实传唤并指控亚伦败坏了整个以色列民。然而，他完全清楚上帝任命他做大祭司，使他的肩膀和胸膛可以承受以色列十二支派的名号；他受命为他们献祭、祷告并恳求。他知道他的尊荣是何等的大、只有他才能进入至圣殿。然而，当他行恶时，无论是他的职位，还是他的尊荣都不能使他免除审判。(《出埃及记》32：20-21)

诺克斯是在什么意义上运用摩西和亚伦的例子呢？凯利的解读更多体现了世俗化的政治观。按照他的观点，诺克斯将加尔文的上帝主权与人民反抗的思想发展到极致，并使其在国家的层面上得到实践。而布坎南和阿尔图修斯，以及后来的政治思想家则将诺克斯的圣约神学的思想进一步转换为人民主权和民主革命的基础，并通过淡化其基督教信仰的神学背景，扩大了它在世俗国家和即将到来的理性主义时代中的发展。[126]

第二节　清教圣约主义神学

一、对于清教徒的认识

（一）清教徒形象

现代基督教神学思想家奥尔森认为，清教徒的形象在北美已经被严重的扭曲。由于公立学校的课程与大众媒体的不当宣传，"清教徒"（Puritans）与"像清教徒的"（puritanical）这两个术语使人回想到冷酷无比的形象，例如身穿奇装异服的男女迫害美国印第安人，把受到诬告为巫婆的女人烧死或吊死，并且只要有人违反轻微的教会法规，就会被他们手铐脚镣起来。所以，清教徒几乎等于是道德严厉和宗教不容忍的同义词。其实，对于清教徒的准确理解得从他们的信仰入手。从这个角度看，历史上的清教徒只不过是加尔文和诺克斯神学观的继承者。他们"就像在胡克之下的伦敦圣殿堂副牧师特拉维斯一样，乃是英国宗教改革初期之"火热的福音使者"的传人。他们的神学深深受惠于加尔文以及他的日内瓦继承者贝扎。此外，他们也受到苏格兰改教家诺克斯的影响，诺克斯在苏格兰扮演的角色，可以说是加尔文在日内瓦的翻版，他帮助长老会（师法加尔文的神学与教会管理形式）蜕变成苏格兰的国家教会"。[127]

在清教徒早期的布道中，我们可以体会他们的真实情感。布鲁斯·雪莱在其《基督教会史》"圣徒们的统治"一章中有一段典型的早期清教徒布道场面的描述：

1630年，四百多位移民聚集在英格兰的南安普顿，准备乘船前往新大陆。后来在大西洋的另一边，卓越的传道人约翰·科顿加入了他们的队伍，并作了一场告别布道。他为这场景选用的经文概括了那次伟大冒险的精神。他选用的是《撒母耳记下》7章10节：我必为我民以色列选定一个地方，栽培他们，使他们住自己的地方，不再迁移；凶恶之子也不像以前扰害他们。

---

126 〔美〕道格拉斯·F·凯利：《自由的崛起：16-18世纪，加尔文主义和五个政府的形成》，第85页，王怡、李玉臻译，南昌：江西人民出版社，2008年版。

127 〔美〕奥尔森：《基督教神学思想史》，第533页，吴瑞城、徐成德译，北京大学出版社，2003年版。

支撑清教徒移民北美的信仰源泉在于他们类似于古以色列民族的"选民"观念。他们将要前往神所应许和预备的地方。在这片土地上，他们将不受干扰地为神的荣耀工作。圣经、圣约、选民这几个术语可以大致描述清教徒群体的独特性。他们在这个世上肩负着神圣的传教使命。因此，尽管清教运动是一场发生在 1560 年至 1660 年之间独特的历史运动，它却为历世历代的基督徒提供了基督教信仰的榜样：坚定地向耶稣基督委身，并在公共生活中，在以圣经真理来管理的民族中生活出这种生命。[128]

清教徒的立场包括宗教和政治两个层面。从宗教上看，清教徒意味着对于世俗生活的排斥："那被称为'清教徒'（但愿有个更准确的词）思想的，是一种完整的对宇宙人生的态度。他们的敬虔并非纯宗教性的，并不意味着对世俗生活的排斥……在 17 世纪，'清教徒'不但表现为对宗教和灵魂国度的一种态度，同时也表达了一种对历史等所谓世俗的领域的态度。"[129]从政治层面看，清教徒独特之处在于，他们坚持根据以加尔文主义的"托管原则"，亦称"管家神学"来生活。根据此原则，生活中的所有领域——教会、家庭、国家以及职业——都要依照上帝话语的托付和诫命来治理。清教徒坚持合乎《圣经》教导的敬拜，反对人以自己的方式、感动和传统去敬拜上帝。因此，他们相信凡是《圣经》没有教导的崇拜方式都应该被禁止。

（二）清教徒主义的起源

关于清教徒主义的起源，奥尔森采纳比较审慎的看法。他认为，就历史神学上的意义来说，在特拉维斯之前，没有人可以成为清教徒；清教徒运动是十六世纪下半叶反对伊丽莎白协议的一个明显，但有些多样化的英国新教徒运动，爱德华兹是最后与最伟大的一位清教徒神学家。最早期的清教徒都是英国的加尔文主义者，他们想要把整个英国教会转换为长老会的国家教会，好像苏格兰一样，并使整个英格兰都师法日内瓦，变成基督教联邦。

清教徒主义是在与英国国教的斗争中产生的，他们坚持要在教会生活中清除罗马天主教敬拜仪式的影响。清教徒之所以反对英国国教，原因在于国教掺和了很多罗马天主教的因素。当时英国的清教徒认为，在伊丽莎白、胡

---

128 〔美〕布鲁斯·雪莱：《基督教会史》（第二版），第 329 页，刘平译，北京：北京大学出版社，2004 年版。

129 〔美〕道格拉斯·F·凯利：《自由的崛起：16-18 世纪，加尔文主义和五个政府的形成》，第 107 页，王怡、李玉臻译，南昌：江西人民出版社，2008 年版。

克和坎特伯雷各宗主教之下的英国教会与罗马天主教走的太接近，因此，他们想要清除与洁净"罗马式的"信念与习俗。

清教徒与国教的争议主要发生在主教权、敬拜仪式等几个方面。清教徒的目标在于废除主教的职权，并且让会众在选择他们的牧师时具有比较大的发言权。他们对公祷书嗤之以鼻，想要改成以证道为主、比较单纯的敬拜仪式。他们大多数人认为，教会里面的祭司服饰、香炉、高祭坛、下跪与屈膝，以及雕像都是中毒的征象，代表英国教会具有不符合圣经的天主教趋势。"清教徒"这个标签，因此就附在他们身上，因为他们想要清除英国教会的这些传统，使他们所见到的异象，也就是改革宗的神学与习俗。[130]

二、预定论与清教主义

（一）《威斯敏斯特信条》与信仰表达

在反对王权的内战爆发时，清教徒国会召开过一个全国圣徒（清教徒牧师和神学家）会议，在伦敦威斯敏斯特修道院开会。十七世纪四十年代的威斯敏斯特大会，由一百五十一位清教徒和长老会的领袖组成，目的是师法苏格兰的国家教会，为英国的改革宗国家教会奠定基础。这个大会最伟大的成就在于制订《威斯敏斯特信条》与《威斯敏斯特教理问答》。从此以后，对于长老会信徒与许多清教徒而言，这些著作变成半正式的教义宣言。

1647 年《威斯敏斯特小要理问答》的第一个问题是"人生的首要目的是什么"。威斯敏斯特信条具有明显清教徒特色的地道加尔文主义。它强调圣经是逐字启示与无误的经典、神至高无上的权威、神对于拣选与定罪的永恒定命、人类全然败坏和完全依赖神的恩典。这个信条的清教徒色彩在于，它用联邦或圣约神学来解释神与人类之间的关系。[131]

（二）加尔文预定论的影响

在预定论问题上，清教徒属于彻底与坚决的加尔文主义。[132]这体现在他

---

130 对于清教徒与英国国教在信仰生活上的不同的分析，参见〔美〕奥尔森：《基督教神学思想史》第三十章中的论述，吴瑞城、徐成德译，北京大学出版社，2003 年版。

131〔美〕奥尔森：《基督教神学思想史》，第 537 页，吴瑞城、徐成德译，北京大学出版社，2003 年版。

132 加尔文预定论对清教主义的影响，参见〔美〕奥尔森：《基督教神学思想史》，第 538 页，吴瑞城、徐成德译，北京大学出版社，2003 年版。

们对于加尔文原罪论和上帝绝对主权毫无保留的接受上，他们衷心同意多特会议的五个神学重点（TULIP），并且谴责阿明尼主义乃是神学上的"坏蛆"。加尔文主义对清教徒的教会观产生直接影响，清教徒对于纯洁教会的追求正是来源于加尔文主义中的委身神学。对于清教徒来说，纯洁的教会代表两件事情：

除掉教会残留的罗马天主教痕迹，以及洁净教会的牧养阶级和非信徒的会友资格。对于他们，耶稣基督的真教会，不只是国家的一只手臂，或者扶持罪人的团体，教会乃是基督在地上的身体，也就是神的国度在历史上与人交通同在的地方，以及一座建造在山上的城邦，作为指引一切世人的真光。因此，教会必须由信仰正确和生活纯洁的圣徒组成，并且由他们所引导。[133]

在十七世纪三十与四十年代，移民到新英格兰的清教徒发展出他们自己的清教徒教会学。他们几乎所有的教会在组织上都采用公理宗主义，而这些教会之间具有很浓厚的互助情谊。清教徒在离开英国的时候，大多数是长老会信徒，但是他们一旦在马萨诸塞湾殖民地定居下来以后，很快地就会变成公理会宗主义者。这就是在北美古老的美国公理会（American Congregational Church）之来源，它最后与其他好几个新教教会宗派合并成为现今名为联合基督教会的教会。新英格兰队清教徒，因为没有英国的教会与国家法律的限制，开始要求会友候选人的资格，不只承认正统加尔文主义者的信念，还需要提出他们归正的详尽说明，并且要在生活上彰显他们的恩典记号。

不像德国敬虔主义者，新英格兰的清教徒并不强调感情，而且他们也不信任心理现象。当他们要求申请会友资格的人提出归正的经历时，他们要听到这些申请者之忏悔、悔改、信念、信靠和得到赦免的确证。然而，当他们问到或者寻找恩典的记号时，他们并非寻找十全十美的生活。相反，他们想要看到，申请者热诚地献身于教会、正常地参加社交活动、具有稳定的家庭生活，并且真的喜欢倾听和研读圣经。

三、清教主义圣约神学的特征

（一）圣约神学的内在张力

现代很多神学思想史研究学者认为，由于接受了加尔文的预定论，清教

---

133 〔美〕奥尔森：《基督教神学思想史》，第 537 页，吴瑞城、徐成德译，北京大学出版社，2003 年版。

主义就面临着类似于布灵格的神学困境：人类努力归正与成圣（恩典的记号）怎能与预定论主张的神之至高主权并行不悖呢？与此相关的难题就是，如果神是如此高高在上，以至于他的旨意、包括他的本性与性格在内都毫无限制，那么信徒怎能确定他们永远都是蒙拣选的人呢？在严格加尔文主义之下的唯名论向想要透过救恩记号、寻求拣选证据的清教徒提出这个问题。我们怎能信任，神不会翻脸像翻书一样善变呢？选民是否安全，或者神会改变心意吗？

如何在教义上对于以上难题做出回答呢？这里涉及了改革宗神学对于信仰本质的理解。现代自由派神学不接受加尔文关于"人全然败坏"这一教义，在他们看来，通过人的理性之光就能认识上帝。但加尔文发展出来的双重预定论恰恰是以对于亚当堕落后，人的理性完全败坏这一教义为前提的。因此，在加尔文那里，信仰存在着内在张力，是以对上帝的敬虔为前提的。

（二）恩典之约与工作之约

第二代改革宗神学家，诸如荷兰的布雷克，在《圣经·创世记》中区分了恩典之约和工作之约。这样的区分成为深受改革宗影响的清教圣约神学的一个重要特点。

神赐给亚当与夏娃的第一个约乃是"工作之约"。神在乐园里，应许要赐福给他们，只要他们顺服他，并且不吃分辨善恶树上的果子。人类破坏了这个工作之约，结果就完全照这约所规定的，毁约者遭到定罪而且败坏了。清教徒认定，所有亚当和夏娃的后裔生来就是毁约者。清教主义对工作之约的理解接受了奥古斯丁的原罪论。工作之约有一个条件就是，如果人类始祖没有尽到他们的义务，他们的后裔就会受到败坏与定罪。所以，神所立的圣约不只是针对个人而已。这些圣约是集体的，因此在历史上它们应用的对象是团体。

圣约神学认定，神怜悯堕落的人类，与他们立了第二个契约，就是"恩典之约"。……恩典之约只要求，人类为罪忧伤痛悔、相信神以及信靠他的应许（也就是为罪奉献完美的祭物），并且终生努力荣耀他。根据清教徒的神学，恩典之约至少从亚伯拉罕开始直到基督再来，同时是既有条件又绝对的盟约。这约的条件是个人和团体（就是以色列和教会）需要自由、自愿地参加。如果他们接受这约的条件，恩典的记号就会出现在他们的生命中。

恩典之约解决了神拣选选民的确定性问题。谁是选民呢？就是真的归正过，并且在日常生活上彰显出记号的所有人。为什么呢？因为神允诺，要透过恩典之约，赐给他们的救恩。

（三）清教圣约神学的性质

清教徒坚持说，恩典之约不仅是有条件的，而且也是绝对的圣约。清教徒对恩典之约绝对性的理解是以加尔文关于预定性质的阐释为基础的。神的预定对于人来说是个奥秘，隐藏在这约的条件之后。如果有人真正守住了人这一面的誓约，这是因为神预定他这样，并赐给这个人意志和所需的条件来持守这约：

所以，恩典之约同样也是绝对的圣约，最终要视神行动的至高之上主权而定，并且，同样的，这圣约神学的诠释也必须承认这个信念的关键所在。清教徒神学家，不需要放弃加尔文主义，或者降低他们对于神自由拣选之实在的信念，才能使用圣约的观念。[134]

对于清教圣约主义这个解释的理解，关键在于前面提到的对于加尔文双重预定论的深刻把握。很多神学家因为不能在理智上理解加尔文的双重预定论，因而陷入恩典和行为孰优孰劣的论辩之中：

他们大体上都任凭它成为悬而未决的吊诡真理。神与人类订立一个有条件的圣约，要求人自由和自愿地同意和参加，但是只有他永恒拣选的、并且接受不能抗拒的呼召者，才能实行它。其余的人，在永恒里已经受到定罪了，因为他们是毁约者。他们触犯工作之约（别无选择），并且不能尽到恩典之约属于人类这一方的责任（别无选择）。难怪阿明尼乌主义者驳斥圣约神学既不合理又不公平。清教徒反唇相讥说，阿明尼乌主义者是"理性主义者"，专门破坏神之道的神秘性。阿明尼乌主义者则还击说，清教徒的圣约神学乃是人类强加在圣经之上的构架，圣经绝对没有这种教导，并且这种神学也荒谬之至，因为它想要混合"条件"与"绝对"这两个天生相反的命题。他们表示，恩典之约若不是有条件的，就是绝对的；不可能二者都是。[135]

如何化解这样的对立呢？事实上，这样的对立来源没有看到上帝恩典和人选择乃是在不同的层面上发生的。神的恩典乃先于人的选择，是绝对的；

---

134 Edmund S. Morgan, Visible Saints: The History of a Puritans Idea ,pp15, New York University Press, 1963，转引自奥尔森：《基督教神学思想史》，第 542-543 页，吴瑞城、徐成德译，北京大学出版社，2003 年第 1 版。

135〔美〕奥尔森：《基督教神学思想史》，第 543 页，吴瑞城、徐成德译，北京大学出版社，2003 年版。

但这并不排除站在人的角度上，人进行选择的必要性。总之，在神与人立约关系上，双方并不是处在类似于契约中、人与人之间的平等关系。神的自我约束与神的绝对性并无冲突。

在十七世纪初期的几十年间，清教徒内部对于何为理想教会的精确性质开始发生争议。他们当中有些人，无论如何都要留在英国教会，继续从事改革。其他人坚持，这个国家教会已经败坏与污浊得无可救药，根本无法改革。这些清教徒就脱离安立甘教会，遵循公理会主义的组织型式，建立独立的教会。每一个独立教会都自主与自我管理，呼召自己的牧师，并且决定自己的崇拜与习俗。在这些激进的分离派清教徒之中，有所谓的天路客（Pilgrims），他们首先定居在荷兰，逃避英国政府的迫害，然后于公元 1620 年，搭乘五月花号到新英格兰的马萨诸塞湾，并建立普利茅斯殖民地。在十七世纪三十年代的十年间，数以千计的清教徒离开英国家园，定居在新英格兰，希望建立一个基督教联邦。

第三节 "五月花号公约"——清教徒的"西奈圣约"

清教徒"出埃及记"乃是对于《旧约·出埃及记》中神借摩西之手，带领以色列民出埃及这一政治隐喻所做的类比。[136]

古以色列人在出埃及、进入旷野后，神在西奈山与他们订立圣约。同样，当清教徒从英格兰辗转来到北美、开始一全新的生活时，他们也在上帝面前订立了"五月花号公约"。1620 年 12 月，当乘坐"五月花号"的清教徒横渡大西洋、顺利抵达弗吉尼亚停泊船处时，他们出了"埃及、进入旷野"；而当他们在抵岸前、为在此地建立政府签署公约时，清教徒们实际上订立了自己的"西奈圣约"。

一、清教徒离开英国的宗教背景

托克维尔认为，新英格兰殖民地的移民来新大陆的主要原因是信仰和道德两方面的考虑。他们带着良好的秩序和道德因素，他们具有创业的目的，

---

136 这里的所作的类比受林国基先生把"五月花号公约"这一立法行动与《圣经·创世记》开篇中所说的"神的灵运行在水面上"这一类比的启发。参见林国基：《〈"五月花号公约"签订始末〉中译本序言》，王军伟译，上海：华东师范大学出版社，2006 年版。

来新大陆是出于满足纯正的求知需要，去使一种理想获致胜利。这些移民或他们自己喜欢称谓的朝圣者，属于英国的因教义严格而得名清教的教派。在对清教徒移民做了宗教解读后，托克维尔道出了清教教义的政治涵义，认为它"不仅是一种宗教学说，而且还在许多方面掺有极为绝对的民主和共和理论。清教徒来新大陆，是为了按原来的方式生活和自由崇拜上帝。"[137]

第一代清教徒对英国国教几乎没有任何信心。在清教徒决定离开英格兰、来到北美的原因乃是他们想恢复福音真理在教会中的传播，而玛丽女王却对清教徒们的信仰进行逼迫。布莱福特，作为签署"五月花号公约"的当事人之一，这样表达了在当时，即1550-1607年间，被称为"清教徒"的分离主义者对英国宗教革新的见解：

虔敬者和睿智者都知道，自从福音的第一道光芒突然播撒在我们光荣的英国大地以来（随着天主教会的无边黑暗笼罩和漫步于基督教世界，唯有我们英国是上帝最先打扮得优美的国家），撒旦就不时地对圣徒们挑起或这样或那样的战争和仇恨，他还要它们持续地继续进行下去。有时是血腥的死亡和无情的折磨；有时是监禁、流放和其他酷刑；他不情愿让他的帝国走向覆灭，让真理得以传布，让上帝的教堂回复到它们古时的纯洁，恢复它们原初的秩序、自由和美丽。[138]

清教徒受逼迫的原因乃在于，他们不愿意按照当时罗马天主教的仪式来敬拜上帝。一方按照福音的简朴性卖力地想要恢复教会对上帝和基督律令的正确崇拜，不掺杂任何人为的东西；要求人们根据经文受到分派给教阶的上帝之道成法则的统治，也就是受到圣职人员、宗教教师和长老的统治。另一方尽管以虚饰和伪装掩盖自己，他们还是竭力要使主教的尊严（就像教皇那样）以及权力和权限得以维持，使宗教法庭、教规和意识以及随之而来的生存之计、税收和各种下级的官职，使那些曾经让敌基督者们强盛并从而给他们以强力来威武暴虐地迫害上帝的仆人的手段得以维持。

当时，在英国北方的地区，正是由于那些虔诚和热心的传教士们不辞辛劳的勤勉工作，以及上帝对其辛劳的祝福，新教被传播开来：人们受到上帝之道的开化，发现了自己的无知和罪恶，在上帝的恩典之下，他们开始革新

137〔法〕托克维尔：《论美国的民主》，上卷，第36页，董果良译，北京：商务印书馆，1991年版。

138〔美〕布莱福特：《"五月花号公约"签订始末》，第5页，王军伟译，上海：华东师范大学出版社，2006年版。

自己的生活，修正自己的行为使其合于良心。这些人分化成为两个截然不同的团体或教派，考虑到各地方距离远近不一，他们各自举行自己的聚会。这些人分散在各式各样不同的城镇和乡村里，有些人住在诺丁汉郡，有些住在林肯郡，还有些人住在约克郡，这三个郡互相毗邻，最相接近。

但是，经过如此多的事变，他们也不可能在最喜爱和平安宁的环境中长存下去，他们开始四处受到攻击和迫害，和现在降到他们头上的痛苦相比，先前的那些痛苦不是小巫见大巫罢了。在全体一致同意的情况之下，他们决心迁往低地国家，他们听说那里人人都享有宗教自由……当他们终于看到他们无法于此环境中继续存在下去的时候，他们下决心竭尽他们的所能，飘洋过海去荷兰。这事发生于 1607 年和 1608 年。[139]

二、清教徒离开英国的过程

从离开英国、来到荷兰，到乘坐"五月花"号、抵达北美，清教徒的"出埃及"之旅经历了以下几个主要事件：[140]

（一）1608 年，他们启程前往荷兰，途中遇到许多艰难和困苦

他们被迫离开他们的故土和祖国，他们的土地和生计，他们所有的朋友和相识。许多人觉得不可思议，不堪忍受。去到一个他们并不熟知的国度（他们只是道听途说过），他们必须学会一门新的语言，掌握一个他们不知道如何才能掌握的谋生之计，尽管这是一个亲爱的地方，但是，它也经受过战乱的灾难，许多人依然觉得这几乎是铤而走险，是一件无法忍受的事情，是一个比死亡还可怕的灾难。尤其是他们看到自己不熟悉那个国家赖以为生的生意和贸易，他们只习惯于过一种纯朴的乡村生活，做一些无害的农耕贸易。但是，这些事情并没有吓倒他们（尽管它们确实使他们犯难），因为决意谋求上帝之道，并把他的训令当作娱乐来享受。他们依靠神佑，并深知谁是他们的所信。

（二）在荷兰莱顿生活

他们在阿姆斯特朗住了一年左右，由于诸如此类的原因，他们转移到了

139清教徒于 1607 年离开英国前的状况的描述，参见〔美〕布莱福特：《"五月花号公约"签订始末》，王军伟译，上海：华东师范大学出版社，2006 年版。

140对整个事件前后所发生的情况的详细叙述，参见〔美〕布莱福特：《"五月花号公约"签订始末》，王军伟译，上海：华东师范大学出版社，2006 年版。

莱顿。最终，通过辛勤和不断的劳作，他们开始建立起一种节制而又舒适的生活。经过诸多磨难，他们就这样定居下来，在这样的情况下生活了许多年。在有才干的牧师约翰·罗宾逊先生和他的助手兼长老的威廉·布鲁斯特先生的谨慎治理下，他们以上帝之道共同享受着甜蜜而愉快的友谊和精神的舒适（所谓长老之名是由教会赐封和选任的）。于是，随着知识和才能以及上帝之精神的仁厚的增长，他们共同生活在和平、仁爱和圣洁之中，人们从英格兰各地络绎不绝地加入到他们的队伍之中，他们因此形成了巨大的宗教团体。

（三）离开莱顿城

他们在莱顿城生活了十一、二年左右。离开的主要理由有以下几点：

首先，他们通过经验得知这个国家和这个城市的艰难，以至于相比之下，继续来到这里的人还是很少。而那些后来来到他们这里的人，以及那些期望与他们共处的人，又不能忍受高强度的劳作之苦和拮据的生活，以及其他一些不便，尽管清教徒他们自己尚能忍受其而满足。

但是，更令人痛心疾首，更让人难以承受的悲痛则是，在这种场合下受到这个国家的青年人的放纵的影响和这个地区多重诱惑的吸引，他们的孩子被不良的事例牵引着走上了奢侈和危险的道路。

最后，为了传播和发言光大基督之国于世界的地方，他们怀着巨大的希望和内心的热诚要做一些奠基性的工作，至少做一些铺路的工作。

这些和其他相似的原因促使他们决心转移到其他地方。

他们心目中的目的地是美洲辽阔的蛮荒之地，那里的土地既富饶又适合居住，但是没有文明的居民。

（四）离开莱顿、在南安普顿会合

在那里，他们寻求与弗吉尼亚公司的订约。

首先，为了寻求上帝的引导和佑助，他们向他做了谦卑的祈祷，并在此召开了全体会议，具体讨论了前往美洲在何处落脚这一问题。

但是，最终的结论是，他们决定以独立的团体接受弗吉尼亚公司的管辖，打算通过他们那里的朋友恳请陛下，希望能他能爽快地赐予他们以宗教自由。要得到此种权利，他们唯有寄希望于他们能够结识一些位高权重的要人。为此目的，他们选中二人，并派往英国办理此事。他们就此下决心，于是他们又派出几名使者前去与弗吉尼亚公司尽可能地协商。为了以最有利于他们的条件为自己赢得特权，他们得动用他们可能得到的一切手段。他们还与早先曾热切鼓励他们进行这次冒险航行的朋友磋商并达成协议。

（五）在海上的行程

1620 年清教徒乘坐"五月花号"渡过重洋、安全抵达科德角。以下是布莱福特对于"五月花号"抵达科德角时、船上人员所怀的感恩之情的一段回忆：

科德角首先是由高士诺德船长于耶稣纪元 1602 年命名的，后来史密斯船长又把它命名为詹姆斯角。但是水手们还保留着前者的叫法。又由于他们在这个岬角首先发现了危险的浅滩，他们也把它叫做"忧心角"和"短剑的恐惧"。由于这个浅滩的危险性，法国人和荷兰人在这里曾经损失过船只，所以直到今天他们还把它叫做马拉巴尔角（Malabar）。

就这样他们抵达了美好的港口，安全地登上了陆地，他们随即跪倒在地上，祝福着天上的上帝，感谢他使他们度过了辽阔无边而又喜怒无常的重重海洋，感谢他将他们从一个又一个危险和困境中拯救出来，使他们的双脚有坚实地站在既坚固又牢靠的土地上——他们舒适的家园。[141]

从清教徒在抵达科德角时所怀的对上帝的感恩之情中，很容易让人联想起以摩西带领色列百姓出埃及后的情形：法老的马匹、车辆，和马兵下到海中，耶和华使海水回流淹没他们，惟有以色列人在海中走干地。亚伦的姐姐女先知米利暗，手里拿着鼓，众妇女也跟她出去拿鼓跳舞。米利暗应声说：

"你们要歌颂耶和华，因他大大战胜，将马和骑马的投在海中。"

摩西领以色列人从红海往前行，到了书珥的旷野……（《出埃及记》15：19-22）

从 1607 年离开英国、到在荷兰的几经辗转、乘坐"五月花号"渡过大西洋、最终抵达弗吉尼亚，这就是清教徒在 1607-1620 年的"出埃及记"。

三、"五月花号公约"——清教徒的"西奈圣约"

如同以色列人出埃及、进入旷野时所遇到的情形一样，清教徒在抵达科德角、准备上岸时，发生了如何在旷野之中生存的危机。当时船上清教徒不

---

141 〔美〕布莱福特：《"五月花号公约"签订始末》，第 97-98 页，王军伟译，上海：华东师范大学出版社，2006 年版。

熟悉的一些英国人表露出了他们将为所欲为的心态：

在船上的时候，他们当中的陌生人（指莱顿人不太熟悉的英国人）脱口说出了一些不满而又难以控制的言辞，这反倒成了导致他们建立政府的一个契机。这些陌生人在船上说：他们靠岸后他们就拥有完全自由了，因为再也没有哪个权力能够指挥他们，他们当初签订的有关弗吉尼亚的协议对他们现在所抵达的新英格兰没有任何约束力，因为新英格兰属于别的政府管辖，跟弗吉尼亚公司没有任何关系。[142]

另一个契机是，他们签署的这个公约，考虑到他们当前的境况，和任何协议一样牢靠，甚至在某些更加坚固。从订立的程序上看，这个公约与上帝在西奈山上经过摩西之手而与以色列民族订立的圣约极为类似。

"五月花号公约"的格式如下：

我们这些名字签署在这个文件上的人，令人敬畏的、至高无上的君主詹姆斯王道臣民，在大不列颠、法兰西和爱尔兰王这些信仰的保卫者们的上帝的恩典下，为了上帝的荣耀和为了推进基督教信仰的事业以及为了我们国王和国家的荣誉，进行了这次旨在前往弗吉尼亚北部地区开垦第一个殖民地的航行。为了使我们的生活井然有序，为了保持和推进我们前述的目的，在上帝和我们大家都见证下，并根据本文件，我们庄严地和彼此信任地订立此约，愿意将我们自己联结成一个公民政治体；凭借此文件，如若我们认为对殖民地的公共福利有利，我们将不时地颁布、制定和草拟公正和平等等法律、法规、条令、宪法和公职，并承诺遵守和服从它们。为了见证，我们在此签上我们的名字，地点是科德角，时间是 11 月 11 日，这一年正值我们至高无上的君主詹姆斯王在位，他乃在英格兰、法兰西和爱尔兰的第十八世国王，苏格兰的第五十四世国王。耶稣纪元 1620 年。

按照第一章所描述的西奈圣约模式，我们可以大致发现"五月花号"公约的圣约特性：

前言：令人敬畏的、至高无上的君主詹姆斯王道臣民；为了上帝的荣耀和为了推进基督教信仰的事业以及为了我们国王和国家的荣誉，进行了这次旨在前往弗吉尼亚北部地区开垦第一个殖民地的航行。

历史序言：在大不列颠、法兰西和爱尔兰王这些信仰的保卫者们的上帝

142〔美〕布莱福特：《"五月花号公约"签订始末》，第 115 页，王军伟译，上海：华东师范大学出版社，2006 年版。

的恩典下。

规条：愿意将我们自己联结成一个公民政治体；凭借此文件，如若我们认为对殖民地的公共福利有利，我们将不时地颁布、制定和草拟公正和平等等法律、法规、条令、宪法和公职，并承诺遵守和服从它们。

宣读和作证：在上帝和我们大家都见证下，并根据本文件，我们庄严地和彼此信任地订立此约。

证人：我们这些名字签署在这个文件上的人。

咒诅和祝福：为了使我们的生活井然有序，为了保持和推进我们前述的目的。

为了这个圣约能被有效执行，在公约签订后，清教徒又找到了他们的摩西：他们推选或者说确认让约翰·卡弗先生充任他们的第一任总督（卡弗是一个神圣之人，在他们当中有口皆碑）。

后来他们又建立了一个仓库或者说公共储藏室，他们还建造了许多供居住用的小屋。如果有闲暇，他们还聚在一起共同研讨法律和法令，这样做有是为了政府的民政和军事目的，也是为了他们当前处境的必然性所要求的，同时如果情况紧急，这也是为了防备不时之需。

在他们事业的初创时期，他们发现他们当中的一些人有不满情绪和怨言，还有人会冒出一些控制不住的言辞，表现出一些不满的举动。但是这些都被总督和他的能干的同僚们的智慧、耐心、公正和公平的治理平息和制伏下去了。长官和他们的同僚们基本上能忠诚地坚守在一起。

北美殖民地被要求"对王权效忠"，但他们也被允许组建自主的治理机构，"只要当地政府的法律不与英帝国的冲突即可"。这使清教徒移民能够依照教会的圣约观和治理模式来起草自己的法律。

凯利认为，1620 年 11 月 11 日的《五月花号公约》，就是基督徒在圣约观下自由缔结世俗盟约，这样的看法实在没有看到清教徒朝圣者订立公约的终极目的。正如托克维尔所指出的那样，清教徒来到北美的主要原因是信仰上帝考虑。追求对于上帝真正而又敬虔的敬拜才是他们的最终目标。在这个意义上，"五月花号公约"可以看为清教徒在弗吉尼亚殖民地与上帝所订立的圣约。在美国宪政史上，"五月号公约"具有里程碑的意义，它为北美殖民地早期以订立圣约建立共同体树立了典范。

第四章　圣约传统与美国立宪精神

　　十六世纪，在改革宗复兴圣约观念的同时，欧洲大陆兴起了主权国家理论。法国思想家博丹第一次详细描述了后来霍布斯称为利维坦的主权国家。从教会史角度看，主权国家观念的兴起与这个时期欧洲社会世俗化分不开。从洛克到霍布斯、再到卢梭，以订立社会契约来建立主权国家的理论实际上是世俗化逐渐深化的过程。随着信仰纽带的消失，欧洲大陆的国家宗教最终取代了传统宗教的位置。利维坦什么能取代基督教会而成为国家宗教呢？现代政治思想家沃格林认为，关键在于科学知识的出现带来了教会的世俗化、封闭化。在世俗化社会中，科学判断成了新的启示，这也带来了教会的封闭化，再没有任何神圣的东西从最高的源泉透下来，反而教会自身成为了本原性的神圣事物。随着教会的封闭化和世俗化，利维坦的象征代替了真正基督教会的位置，在完全封闭的世俗象征系统中，与上帝的连系被切断了，代之以国家本身——它是这个集体人格的合法性源泉。[143]与欧洲大陆的主权国家观念相比，美国殖民地早期的立宪实践更多受到改革宗圣约宪政主义的影响。

　　本章共分为三节。第一节，清教徒的圣约共同体，主要首先分析圣约共同体的内在联邦性，进而探讨了其与立宪主义之间的关联；第二节，圣约传统与自由精神，这一节对比了两种自由观，并探讨了圣约自由是如何化解共同体内在张力的；第三节，圣约传统与宗教精神。宗教精神和自由精神的融

143　沃格林认为，霍布斯主权国家理论有着深厚的现代灵知主义背景，详细的分析参见〔美〕沃格林：《政治的宗教》，张新樟、刘景联译，载于《没有约束的现代性》，华东师范大学，2007年版。

合是北美殖民地社会别具特色的一个现象，本节试图从圣约角度给予解释。

第一节　清教徒的圣约共同体

一、圣约共同体的订立

在早期的北美殖民地，宗教信仰和政治实践存在着紧密的结合。十七世纪上半期，英国的清教徒是因为追求信仰自由而移民北美的。托克维尔在对英属殖民地的考察中发现，正是在北方的几个英国殖民地，即在人们通称为新英格兰队诸州，产生了成为今天的美国社会学说的基础的几个主要思想与其他地区移民不同的是，新英格兰移民带着良好的秩序和道德因素。他们具有创业的目的，来新大陆是出于满足纯正的求知需要，去使一种理想获致胜利。这些移民或他们自己喜欢称谓的朝圣者，属于英国的因教义严格而得名清教的教派。清教徒移民第一件关心的事情就是建立自己的社会。

在后来一本回忆录中，托克维尔读到移民订立公约的记载："我们，下面的签名人，为了使上帝增光，发扬基督教的信仰和我们祖国的荣誉，特着手在这片新开拓的海岸建立第一个殖民地。我们谨在上帝的面前，对着在场的这些妇女，通过彼此庄严表示的同意，现约定将我们全体组成的政治社会，以管理我们自己和致力于实现我们的目的。我们将根据这项契约颁布法律、法令和命令，并视需要而任命我们应当服从的行政官员。"[144]

通过对于圣约共同体订立过程的考察，托克维尔认为，清教教义既是宗教学说，又是政治理论。"清教教义不仅是一种宗教学说，而且还在许多方面掺有极为绝对的民主和共和理论。因此，它给自己树立了一些极其危险的敌人。清教徒在祖国受到政府的迫害，感到自己所在社会的生活有损于自己教义的严格性，所以去寻找世界上人迹罕至的不毛之地，以便在那里照旧按原来的方式生活和自由崇拜上帝。"[145]

清教徒的朝圣之旅是与那个时代在欧洲所发生的大变革分不开的。现代初期社会主义和共和主义的兴起，导致了中世纪形成的个人、社区、城乡间纽带解体。当人们不得不离开家乡，作为丧失了社区的保护和支持的个体去

144　托克维尔所根据的是 1816 年波士顿出版的《新英格兰回忆录》，第 37 页。

145　〔法〕托克维尔：《论美国的民主》上卷，第 36 页，董果良译，商务印刷馆，1988 年版。

寻找工作，并不得不寻找新的住处时，他们与周围环境日渐分离甚至疏远起来。这些在社会上孤零零的个人，通过被圣约神学和圣约在政治上的表现形式所包括的宗教信仰观念来寻求他们与社区的联系。清教徒为理想而奔波的朝圣之旅恰好与他们的圣约观紧密联系。

哪些人可以加入这样圣约共同体呢？在这个问题上，北美殖民地的清教徒首先关心的是信仰。因此，对于那些不仅仅关注物质利益的人来说，身份和契约都是不够的。物质与信仰之间必定有一架圣约的桥梁。在林肯之前，温思罗普就称圣约为一个婚姻，即一个人可以将它看成一个神圣契约——自由缔结却有约束力，要求最高尚的宗教信仰义务和对幸福最属世的追求。

现代人怎样开始订立圣约，又怎样知道这是他们已开始的圣约呢？这就回到了圣约订立中双方所处的地位。对于早期殖民地的清教徒而言，他们所接受的是改革宗的圣约神学。从根本上说，通过耶稣基督的中保，信徒得以进入圣约，恢复与上帝和好的关系。因此，信徒是通过与基督的联合而进入圣约。由于教会是耶稣在地上的身体，信徒与基督的联合是通过教会实现的。根据改革宗的教会观，上帝的道和圣礼是真教会的外在标识，订立圣约共同体是与仪式分不开的。艾拉扎认为圣约乃是出于上帝的恩惠，百姓所需要的是聆听，这样的观点更多出于犹太教圣约传统。

一方面，我们赞同艾拉扎所主张，认为聆听是订立圣约过程中的一个重要因素，因此，以圣约订立的共和国建立在圣约自由之下。另一方面，清教徒形成圣约关系，需要在上帝面前宣誓，而他们的上帝则是基督教中三位一体的上帝，他们所订立的圣约是以基督耶稣为中保。因此，简单地将聆听作为圣约订立的首要条件，这不并符合清教徒的信仰实践。

尽管存在着对于圣约订立过程理解上的不同，艾拉扎的研究还是让我们看到了圣约对于美国宪政传统形成的巨大意义。在北美早期殖民地，通过这样的缔结程序，圣约被扩展的到社会的各个领域，并奠定了美国宪政的基础：

在美国被系统确切地阐明的首要政治原则，乃是清教徒圣约教义神学的延伸和改变。它视所有的社会都是上帝与其子民间立下的根本性圣经之约的产物。……清教徒们寻求将人们间所有的关系都置于圣约的基础之上。他们的聚会是在圣约基础上形成的"圣徒"的肢体关系。这种关系只有在将来可能的成员互相立下圣约时才会存在。而且只要立约的行为保持有效（潜在地并非必定永远地），它就能存留下去。[146]

与此相似，在多数新英格兰殖民地每个镇上的事实居民（或可能的居民）中立下的世俗立约，缔造了清教徒中的政府。"五月花号协约"是这些立约行动中的第一步。随后，这种城镇的同一模式事实上延伸到新英格兰创建的每一移民点和其他殖民地的众多移民点。这种所有人缔结圣约的能力，意味着所有人事实上在这至关重要的方式中——即在以正确的生活标准自我约束的能力上——是平等的。

缔结圣约共同体的意义在于，它提出了一种摆脱有机体等级结构历史困境的有效通道。在此之前，人类的历史陷入无目的的周期性循环之中。而圣约观念为清教徒指出了一条摆脱困境的出路。历史，不再如有机体理论所要求的被看成是周期性的，而是象圣经一样被看作是目的论的。在欧洲大陆，十七、十八时期盛行的政治理论是社会契约论。无论是洛克，还是霍布斯，他们建立在社会契约之上的主权国家都不能很好地平衡个人和国家之间的关系。社会契约论的致命缺陷在于，它无法从理论上彻底解释共同体内部如何相互依存的问题，这就导致了建立在其上的主权国家概念最终陷入国家宗教的迷思。根据埃拉扎的研究，北美殖民地圣约共同体通过联邦性成功化解了个人主义和共和主义两者之间的内在冲突。

二、圣约共同体的联邦性

如何理解圣约共同体的联邦性？

首先，通过订立圣约而组成的共同体是一个有机体，因此，个人身份是在相互依存之中来获得的。艾拉扎认为，相互依存的结构使得圣约共同体很好地化解了平等与自由之间的张力。在圣约共同体中，不再凭借固定个人在社群中地位的出身论，而是通过能获得自由的某种义务的假定和同意，在有机结构论上界定个人的身份。

其次，圣约共同体的联邦性表现在，订立圣约是以超越道德权威为基础的。订立圣约各方需要在宣誓，自愿同意、允诺并达成一致。在订立圣约过程中，当事人既保持着个体独立，又规定了共同的目的。就其所要达成的目的而言，圣约共同体具有艾拉扎所说的政治性，订立圣约最重要的目的是建

---

146 〔美〕丹尼尔·艾拉扎：《基督教圣约传统》，第 32 页，曹志译，载于《圣山》2007 年第 1 期。

立政治和社会的共同体。

圣约的这种联邦性质使之与立宪主义发生内在关联。在北美殖民地立宪主义实践中，圣约共同体在地位上先在于一般的宪法。一般而言，一个圣约先于一部宪法并创建政体及其民众。后者再为自身选定一部关于政体的宪法。可见，一部宪法包括一个先在之圣约的实现——一个政体的框架或结构是一个先在圣约的转化或者完成。通过从圣约的联邦性中发掘其内在的宪政涵义，美国宪政的起源就可以追溯到 1620 五月花号公约的订立。现代圣约学者的研究表明，北美早期殖民地的立宪思想并非来源于洛克的思想。[147]

在美国圣约宪政传统的研究中，佩里·米勒发现了美国宪政主义不同于欧洲的来源，那就是来源于圣经的圣约传统。清教徒的政治理论用圣经解释和详细地阐明了清教徒的政府制度，并且确立其正当性。而且其宪法至少比洛克早了一代人的时间。在理论上和实践中，美国圣约主义和立宪主义都是建立在崭新和独立的经验基础上的独一无二的自我创造。同时，他们吸收了一种源自圣经的古老、经典和神圣的传统。在当代，多纳德·卢兹则是当代这种政治上奠基性文件的最重要的收集者和解释者。卢兹将以圣约为基础的社会的创建确认为两个阶段：一个民族的创建，然后是对该民族的统治安排的创建。他指出，甚至在普遍看来因那种双重创建的观念而获誉的洛克出生之前，北美本土发展中的上述创建已然发生。通过审慎地注意所使用的语言，以引导我们去发现——卢兹继沃格林之后将何者描述为构成美国人民创建传奇的象征和神学时，我们甚至能清楚地看到，北美殖民地和美利坚合众国的圣约主义是怎样导致立宪主义产生的。仅列出卢兹所提到的文件，就足以给人留下深刻的印象。[148]

如前所述，北美殖民地清教徒建立圣约共和体的实践是以共同信仰为首要前提的，这里就带来一个艾拉扎所观察到的悖论。一方面，新教教义发展出了极为重要的政治理想——自由和平等。另一方面，力图实现二者的新教方式要求不够宽容或自由的制度，它不可能为绝大多数人实现的高标准

147　洛克思想对于清教徒的影响发生在十八时期中期之后，参见 Michael P. Zuckert, Natural Rights and Protestant Politics，载于 PRETESTANTLISM AMERICAN FOUNDING, edited by Thmas S. Engeman and Michael P. Zuckert, University ofNotre Dame Press, 2004。

148　对于圣约学者在这方面研究贡献的梳理，参见〔美〕丹尼尔·艾拉扎：《基督教圣约传统》，曹志译，载于《圣山》2007 年第 1 期。

行为。

如何在圣约共同体内部协调这样的紧张关系？迈克尔·P·察克特的研究表明，十八世纪中时期以后，北美的清教主义开始与洛克思想妥协，出现了所谓洛克式的清教徒，美国宪政出现了二者的融合。对此，艾拉扎认为，启蒙运动和新教构成了美国宪政传统发展中的两大阵营。其一来自更古老的宗教信仰传统——主要是新教教义的圣约传统。在迈向上帝之下的联邦民主共和国的过程中，他们视其传统的规则最为重要。第二个群体来自启蒙运动，主要受苏格兰启蒙学派的影响——该学说离其成为圣约传统之组成部分仅一步之遥。他们想让北美的联邦民主共和国成为实现市民社会的方式。美国人在其革命时代的伟大成就乃是，来自两个阵营的温和派在一致的基础上找到了一种共同的语言和一种共同的方案，而两个阵营中的极端派被撇开，借此，美国能够作为人性、社会和政体两种观念的综合物而诞生。

从表面上看，圣约传统被注入了洛克因素后，似乎更宽容，更能协调不同宗派之间的冲突。然而，由于洛克思想是建立在自然神学这一基础上的，因此，这样的融合又不可避免地隐含了更大的内在紧张。与社会契约论政治思想家们的个人主义进路相比，圣约共同体首先强调的是成员之间的互助，而这一点正是基督教政治最为重要的基础，这也是福音书中将基督耶稣称为律法完成的原因所在。

在清教徒建立山上之城的马萨诸塞州，温思普罗所钟情的理论曾是把他的奉献、营利和平等观念连合于这个政治社会之中的粘合剂。圣约共同体强调成员之间的互助乃是义务、是个人对上帝的责任，而不是古典自由主义出于计算之上的利益交换。这种转变的意义在于，"一如以往经常表明的，一种转变标志了从中世纪到现代的过度时期。在此转变中，一人与另一人的关系不再如此依赖于占据了生活的遗产或等级地位，而更趋向于以任一圣约即二者间或许存在的契约方协议为基础。这种变化是否将一切归因于宗教信仰观念或者某些宗教信仰观念本身是否乃这种变化的产物，从未能知。但清楚的是，许多十六世纪和十七世纪的新教教徒，尤其是清教徒思考起他们与上帝的关系时，就好象它建立在圣约的基础上。"[149]这种所有人缔结圣约的能

149　〔美〕丹尼尔·艾拉扎：《基督教圣约传统》，第33页，曹志译，载于《圣山》2007年第1期。

力，意味着所有人事实上在这至关重要的方式中——即在以正确的生活标准自我约束的能力上——是平等的。

第二节　圣约传统与自由精神

一、圣约之下的自由

在欧洲大陆，启蒙运动思想家高举人理性的伟大，认为只要恰当地使用理性，人类就能够发现他们心目中的上帝。与这种对于理性的乐观态度不同，北美早期殖民地对于人性的看法更多受了加尔文主义原罪论的影响，认识到亚当堕落后，人在理性上的全然败坏。基于这样的认识，清教徒自由观是一种基于订立圣约之上的自由。

在早期殖民地一项有关教育的法令中，托克维尔发现，在美国，启发民智的正是宗教，而将人导向自由的则是遵守神的诫命。托克维尔认为，这最能够显示美国文明的突出特点。为了说明这一点，托克维尔特别引用了马萨诸塞总督温思罗普在 1645 年的一段演说：在这个还没出过将军，也没有出过哲学家和作家的默默无闻的社会里，却又一个人能够当着一群自由人的面站起来，在大家的喝彩声中，对自由做出了如下的绝妙定义：

有两种自由。有一种是堕落的自由，动物和人均可享用它，它的本质就是为所欲为。这种自由是一切权威的敌人，它忍受不了一切规章制度。实行这种自由，我们就要自行堕落。这种自由也是真理与和平的敌人，上帝也认为应当起来反对它！但是，还有一种公民或道德的自由，它的力量在于联合，而政权本身的使命则在保护这种自由。凡是公正的和善良的，这种自由都无所畏惧地予以支持。这是神圣的自由，我们应当冒着一切危险去保护它，如有必要，应当为它献出自己的生命。[150]

新英格兰城镇是温思罗普式圣约社会的最高体现。其居民自愿承诺以聚会的圣约作为享有世俗公民资格的前提。由于这个基础，在离教会礼拜堂半英里以外的地方居住是不合法的，并且圣经上的律法在个人行为的众多领域得以应用。正是上述律法的严厉及其对日常生活的限制促成了上述城镇聚集众多西部移民。因为在更早时期，不管清教徒模式得到怎样利用，新英格兰

150　〔法〕托克维尔：《论美国的民主》上卷，第 47 页，董果良译，商务印刷馆，1988 年版。

仍是充满了寻求个人自我实现和现代理想的现代殖民地。这种区别意在保持新教主义作为一种政治模式，为的是"共同体的平安"不会与"良心自由"混淆在一起。

圣约之下的自由与启蒙运动思想家所理解的自由有着根本的不同。对于清教徒而言，这样的自由绝不是为了追求洛克所说的个人幸福。这也是为什么马萨诸塞的清教徒总督被指责为不民主的原因。在回顾北美殖民地早期的历史时，不能以现代的个人权利意识形态来看待当时的清教政治。研究马萨诸塞州清教历史的学者古尔德·菲利普认为，现代人对于温斯罗普政治思想的理解需要语言上的的转换：

这种语言部分来自于温斯罗普自身；它塑造了他的大部分现代声誉。说来奇怪，正统派和自由派一样，认为温斯罗普的地位源于一个相当艰难的事件，在那个事件中，他因为超出了作为副总督的权限而在 1645 年受到地方议会的谴责。在他为回应地方议会的指控、而向其发表的著名演说在区别了"败坏本性的自由"与"文明的、道德的、联邦的自由"。即使是加尔文主义者，也没有抛弃这样一个对于建立秩序良好的社会的有力理由，宗教自由派只是让它受制于意识形态的校正，从保守共和主义者中剪除设想中的对于宗教一致性的要求。在这个过程中，民主派显明了他们自己由阶级所驱使的对民主的担心，使他们在政治上与其加尔文主义对手联合的顾虑。[151]

温斯罗普和贝尔纳普争论的根源在于对自由的认识不同。前者的自由是在遵守与上帝所订立圣约之下的自由，而后者的自由则借助于人的自然理性。一旦离开圣约的前提，温斯罗普的自由就会被解释为"神权政治"：

独特阐释在很大程度上归于正统派坚持把宗教一致性与一种有德行的共和国等同起来。……正统派与自由派的差别是在一个起初看起来只是语义学的问题上形成的。清教徒共同体是一个"共和国"吗？或者它是一个以《旧约》族长制为模本的"神权政治"？正如我们所看到的，阿皮尔·霍姆斯会称其为共和国，而贝尔纳普则冠之以"神权政治"，以将殖民地时期与当代区别开来。[152]

古尔德认为，清教徒的圣约自由试图将一种基本的保守主义与坚定的激

151　Gould, Philip, Covenant and Republic: Historical Romance and the Politics of Puritanism, pp39, New York Cambridge University Press, 1996.

152 Gould, Philip, Covenant and Republic: Historical Romance and the Politics of Puritanism, pp40, New York Cambridge University Press, 1996.

进主义相结合起来，而这种结合无疑与美国人的圣约思想体系直接相关。圣约思想体系视人通过预定论与上帝联合，而通过此约束，人根据上帝为拯救人类而订立的宪法来自由地生活。实现该宪法需要与现代社会抗争，但抗争的目标是为了恢复人类堕落前世界的和谐。清教徒来到新大陆缔造一个新社会，而在竭尽全力的同时，他们从未忘记人类的弱点。

二、圣约自由与自我限制

艾拉扎认为，圣约观念中蕴含了现代立宪主义，因为它强调参与方互相接受对各自权力的限制。这样的限制不是出于自然的人性，而是在信仰之下的自愿妥协的限制。在清教徒的政治思想中，限权观念对于人类的联合非常重要，因它能够推导出人类相互之间自我限制。根据艾拉扎的解释，在于人类缔结圣约时，上帝部分放弃了对人类生活的控制，从而赋予了人类在圣约之下的自由。同样，人类也通过圣约而自我约束，这样一来，清教徒为圣约之下的自由而放弃了本性自由。因此，相互之间的自我约束是圣约自由实现的保障。清教徒的圣约神学认为，上帝自愿通过赐予人类足够的自由来限制自己；此自由通过圣约与上帝联结。上帝圣约的条件很清楚。人们根据此条件自由地生活，但是正如他们期望遵行能得赏赐一样，他们预知若悖逆将遭惩罚。重要的是，行动的自由乃造物主所赐，并且一旦由他们支配，清教徒就能够并已经证明，除非自己同意，人们无须服从于任何一同类。

如何实现圣约之下自由所需要的自我实现呢？对这个问题的不同回答显示出了改革宗圣约传统与社会契约论者在神学基础上的分歧。在圣约共同体中，成员的自愿的有效性不在于外在的监督，而是靠信仰的约束，靠着订立圣约时，在上帝和人面前所起的誓言。因此，圣约包含了两方面的内在约束，即与上帝的约，与其他成员之间的约。由于这个缘故，改革宗圣约传统并没有特别倚重外在的制度，比如权力之间的制衡，来保障自由。这也是温斯罗普并不看重英国普通法传统的原因。在他看来，圣约共同体政治的核心是成员之间的爱，制度只是次要的因素。因此，平等并不是圣约传统中最为重要的价值。[153]

---

[153]温斯罗普对于自我限制思想的详细分析，参见〔美〕迈克尔·P·察克特：《自然权利和新教政治》，第68-72页，汪正飞译，载于《圣山》2009年第4期。

第三节　圣约传统与宗教精神

在欧洲，自从十二世纪格利高里教皇革命以来，随着精神和世俗二元对立观念的形成，天上之城等同于教会，地上之城则等同于世俗组织。二元对立的思维成了天主教会处理政教关系的基本模式。教父时代没有这样的思想，奥古斯丁明确提出，教会不等同于天上之城。改革宗圣约传统的优势在于，它通过订立圣约而将天上与地上联系了起来，圣约主义很好地协调了理想和现实之间的关系。法国大革命想把天上之城拉到地上实现，结果导致了更大的专制。美国的清教共和国则通过乡镇自治，实现了自由精神和宗教精神的结合。一个人可以在内心非常敬畏上帝，同时不影响他参与到公共生活之中。在欧洲，宗教是反对自由精神的，托克维尔对此非常感慨。美国的乡镇自治之所以能将宗教精神与自由精神结合起来，关键在于清教徒的圣约思想。

一、殖民地的宗教精神

早期清教徒在北美建立殖民地的原因在是为了能够按照原来的方式生活，并敬拜上帝。托克维尔在考察殖民地历史时注意到，正是在北方的几个英国殖民地，即在人们通称为新英格兰队诸州，产生了成为今天的美国社会学说的基础的几个主要思想。移民第一件关心的事情就是通过订立圣约建立社会。从现代政教分离的角度看，当时北美所建立的社会具有很强的宗教色彩。

托克维尔以康涅狄格的立法为例，说明这个时期殖民地的治理在宗教上的严苛。在制定刑法时，立法者直接从《圣经》中找来一些经文作为刑法条文。这部刑法的开头说："凡信仰上帝以外的神的，处以死刑。"接着，有十条到十二条是逐字从《申命记》、《出埃及记》和《利未记》抄来的同样性质的条文。渎神、行妖、通奸和强奸者均处死刑。儿子虐待父母，也处这种严刑。就这样，一个粗野和半开化的民族的立法，竟被用于一个人智已经开化和习俗十分朴素的社会。结果，从未见过死刑这样多定于法律之内和用于微不足道的罪行。

如何评价这样的带有很强摩西律法色彩的立法呢？托克维尔显然不能赞同立法者这样的简单援引旧约律法，因为这样的做法无疑是对人类理性的不信任，"这样的偏颇，无疑有辱于人类的理性。它们在证明我们天性的低劣，说明我们的天性不能牢牢地掌握真理和正义，而往往只是选择了真理和正义的反面。"[154]

托克维尔不能接受清教徒对于道德问题过于严厉的做法。不过如果将这些刑法典置于十七时期北美殖民地的环境，问题就比较容易理解了。清教徒移民北美殖民地，很重要的原因在于，他们认为英国国教在信仰上已经失去了敬虔。正是出于这样的对比，来到北美的清教徒在道德上普遍要求严厉，这正符合加尔文在日内瓦建立基督教共和国的做法。

二、宗教精神与自由精神的结盟

与刑法上的严苛相反，北美殖民地在政治生活上却普遍遵循了自由原则。托克维尔发现，作为现代宪法的基础的一些普遍原则，即那些为十七世纪大部分欧洲人难于理解和在当时的大不列颠尚未获得全胜的原则，已在新英格兰的法律上得到全部承认，并被订于法律的条款之内。这些原则是：人们参与公务，自由投票决定赋税，为行政官员规定责任，个人自由，陪审团参加审判。所有这些，都未经过讨论而在事实上确定下来。因此，在北美就出现了一个直接影响政治生活的现象，那就是宗教精神和自由精神的完美结合：

宗教认为公民自由是人的权利的高尚行使，而政治世界则是创世主为人智开辟的活动园地。宗教在它本身的领域内是自由的和强大的，满足于为它准备的地位，并在知道只有依靠自己的力量而不是依靠压服人心来进行统治的时候，它的帝国才能建设地最好。

自由认为宗教是自己的战友和胜利伙伴，是自己婴儿时期的摇篮和后来的各项权利的神赐依据。自由视宗教为民情的保卫者，而民情则是法律的保障和使自由持久的保证。[155]

让托克维尔惊讶的是，在欧洲大陆，比如法国，宗教和自由一直难以融合，二者之间的冲突甚至成了法国大革命爆发的重要原因之一。但是在北美，宗教却成为了自由的朋友，并且渗透到生活的各个方面：

出现了两种各不相同但又互不敌对的趋势。无论是在民情方面，还是在

---

154 〔法〕托克维尔：《论美国的民主》上卷，第43页，董果良译，商务印刷馆，1988年版。

155 〔法〕托克维尔：《论美国的民主》上卷，第49页，董果良译，商务印刷馆，1988年版。

法律方面，这两种趋势到处可见。人们出于宗教观念而抛弃了自己的朋友、家庭和国家。我们尽可完全相信，他们为了追求这种精神上的享受，确实付出了相当高昂的代价。但是，我们又可以看到，他们几乎又以同样的狂热去寻求物质财富和精神享乐，认为天堂在彼世，而幸福和自由却在此生。

在他们看来，政治原则、法律和各种认为设施，好像都是可以创造的，而且可以按照他们的意志加以改变和组合。

因此，在精神世界，一切都是按部就班，有条不紊，预先得知和预先决定的；而在政治世界，一切都是经常变动，互有争执，显得不安定的。在前一个世界，是消极然而有是自愿的服从；而在后一个世界，则是轻视经验和藐视一切权威的独立。

这种看来是互不相容的趋势，却不彼此加害，而是携手前进，表示愿意互相支持。

如何看待这两种各不相同但又互不敌对的趋势呢？答案就在于改革宗圣约传统所塑造的思维方式之中。精神世界和政治世界彼此融合的情况，正好可以在圣约主义的框架内得到很好的阐述，政治上的自由精神和信仰上的宗教精神通过在上帝面前彼此订立圣约、进入圣约共同体联接在一起，这也正是"五月花号公约"订立的方式。通过订立圣约共同体，美国社会实现了宗教精神和自由精神的结盟，而这恰恰是欧洲大陆长期以来所没有解决的。

余论：关于美国宪政传统的几点思考

第一，如何看待"美国隐藏的第二部宪法"？

当代美国著名宪法学家布鲁斯·阿克曼在思考美国宪法根基时，认为传统宪政研究进路过多注重欧洲人的宪政经验，属于宪政的一元民主模式。在阿克曼看来，一元论民主过多强调通过选举的法律来保障民主权利。在对一元论民主进行反思后，阿克曼提出了二元论民主的概念。阿克曼的着眼点在于提出一个更有解释力的分析框架，以把传统的各种宪政思潮进行整合，《我们人民》宪政三部曲正是作者在这方面的有力尝试。有意思的是，一旦阿克曼的学说在美国宪政学界取得主导地位后，后来的学术新秀同样把他的二元论民主当作传统，乔治·P·弗莱切就是这类试图标新立异的学者。在《隐藏的宪法——林肯如何重新铸定美国民主》一书中，他对阿克曼的二元民主论提出公开挑战，认为欧洲民主形成中所积累的宪政经验同样适用于美国，美国宪政独特论不能成立。

作为一位严肃的宪政学者，弗莱切自然要提出自己的论证。弗莱切提出了一个大胆的假设，认为在美国内战后的宪法修正案中存在"隐藏的第二部宪法"，这部宪法与1787年的美国宪法有着完全不同的基础。第一部宪法依据自愿联合、个人自由和共和主义精英政治的人民主义基础。相对应的，第二部宪法的指导基础则是所有人的平等、大众民主和民族国家。为了解释这部隐藏的宪法，弗莱切把注意力投向了美国内战时、林肯在葛底斯堡所发表的著名演说。

多少有些意外的是，弗莱切对于林肯的解读竟然是以政治神学的进路展开的，他甚至在林肯与清教徒之间寻找某种内在联系。清教徒来到美国时，他们所处的地位跟犹太人与上帝订立圣约的关系相仿。弗莱切在林肯身上也看到了类似的与上帝订立圣约的信念。与最初来到美国的清教徒一样，林肯他们这一代美国人民也是上帝的选民。按照这样的思路，弗莱切找到了他反对阿克曼"我们人民"概念的根基，"美国作为单一有机联合的民族国家，与把神性带入政治中两者之间，存在着强有力的联系。"遗憾的是，弗莱切没有细细体会在发表《葛底斯堡演说》时、林肯心目中的上帝究竟指向何物。事实上，林肯所遵循的是自从《独立宣言》发表以来自然神论者的思路，他心目中的上帝是凭着人类理性就能知晓的理性上帝。

第二，如何调和托克维尔和林肯对于美国宪政传统的不同解读？

区分基督教道成肉身的上帝与自然神论的上帝，这正是迈克尔·P·察克特在《自然权利和新教政治》一书中贯穿始终的线索。按照这样的理解，美国宪政历史遵循了两个不同的传统，一个是在订立《五月花号公约》时所开创清教徒传统，一种是签署《独立宣言》时所奠定自然神学传统。托克维尔对于美国民主、宪政历史的梳理是以清教徒传统为基础，而林肯在美国内战中所诉诸的却是来源洛克学说的自然神学传统。根据察可特的梳理，从十八世纪中期以后，这两种传统之间开始发生了融合。本人初步感受是，1787 年美国宪法实际上是融合了这两种不同的政治传统。如果能理解这一层，弗莱切就不会认为在这部宪法的修正案中看出隐藏的第二部宪法了。

上世纪八十年代，受启蒙思潮的影响，汉语宪政学界对于美国政治传统的理解一直依赖洛克、卢梭所开创的权利话语。进入九十年代以后，随着对于自由主义传统研究的深入，很多学者强调英国普通法传统及罗马共和传统对于美国政治的影响。与此同时，美国政治的清教起源也开始引起学者们的注意。显然，对于美国政治传统这样的一复杂而又宏大的主题而言，任何单一来源的解释都没有说服力。问题在于，如果不能梳理清楚各种来源演变的轨迹，我们对于美国政治传统的理解仍然是模糊的。正是在这个意义上，迈克尔·P·察克特的文章《自然权利与新教政治》能给我们带来理论上的启发。

托克维尔和林肯分别代表了对于美国政治传统解读的两种不同路径。在《论美国的民主》一书中，托克维尔认为，美国革命并不是旧时代崩溃与断裂的标志。托克维尔提出，早在美国独立革命发生很早之前，清教徒就发展出了一套独特的政治制度和独特的政治文化，这些后来成为美国政治的萌芽。

察克特试图在托克维尔和林肯的观点之间进行调和，提出美国政治传统形成过程中、不同来源之间的融合。在对美国政治传统的梳理中，察克特讨论了《五月花号公约》和《独立宣言》这两个文本之间差别。通常的见解是，两个文件都主张政府是人们通过订立一个契约或者合同、盟约而形成的，维摩尔·肯德尔和乔治·卡里是这种观点的代表。察克特根据近来政治思想史的学术成果对一致性的简单比附提出质疑。

温斯罗普的政治神学对于处理美国政治传统中连续与断裂的主题具有特别的重要性。清教徒是用基督教来改造英国的传统，所谓普通法在美国政治传统中的地位是非常有限的。古老混合宪法的破产反映了在其核心构成原则上的一种根本缺陷。温斯罗普认为，一种宪法性的制约和平衡的制度，像古老混合宪法，走错了方向。

十八世纪中期以后，清教神学为主的美国政治传统发生了一个重要转折，洛克的权利学说开始融入了清教政治神学，出现了所谓的洛克式的清教徒。原来的清教政治神学开始为自然政治神学所取代。为什么会出现这样的转变？察克特在那个时代的《圣经》解释学中寻找到了答案，提出对于理性的推崇导致了《圣经》启示权威逐渐丧失在政治中的主导地位。

第三，如何看待圣约主义与联邦主义的内在联系？

作为一种政治传统看，圣约主义首先是一种思维方式，其次才是一种制度设计。圣约模式贯穿了美国建国的各个方面。教会自然是按照订立圣约的方式建立的，而行会、甚至各州也可以按照圣约的模式来建立。圣约模式有两个方面，首先在个体层面上，每人是自由的；另一方面，还存在着超验共同体的层面，这样就把个人和共同体联系起来了。从词源学上看，圣约主义和联邦主义都来源于拉丁文"foedus"。这个隐藏在托克维尔民主革命观背后的圣约思想很重要。圣约思想在天主教中被忽略了，而奥古斯丁两个城的划分深刻地影响了托克维尔的圣约思想，这也在他的民主革命观中得以体现。圣约思想有两个要点，首先是超验性，圣约最终指向是上帝，这一点将其与其他类型的约区别开来。清教徒当年来美国，并不为了谋生，而是出于信仰的缘故，为了可以自由敬拜上帝。圣约思想的另外一点是自我约束。上帝本来是全能的，但在进入立约后，上帝自我约束。进入到政治社会领域，圣约的自我约束就是对权力的约束，这对于政体有着根本影响。既然上帝本身都有约束，那对于由人组成的政体来说，不受约束是不可能的，权力受约束的思想奠定了联邦制的构架。

参考文献

工具书

1. 《圣经》，中文简化字与现代标点符号的和合本，中国基督教教会三自爱国运动委员会、中国基督教协会出版发行，北京，2003。

2. HOLY BIBLE, AUTHORIZED (KING JAMES) VERSION, THE GIDEONS INTERNATIONAL, National Publishing Company, Nashville, 1978.

3. 《布莱克维尔政治学大百科全书》，〔英〕戴维·米勒、韦农·波格丹诺编，邓正来等译，北京：中国政法大学出版社，1992。

中文译著

1. 〔古罗马〕奥古斯丁著：《论三位一体》，周伟驰译，上海：人民出版社，2005。

2. 〔古罗马〕奥古斯丁著：《上帝之城》，上、下卷，王晓朝译，北京：人民出版社，2006。

3. 〔古罗马〕奥古斯丁著：《忏悔录》，周士良译，北京：商务印书馆，2008年。

4. 〔古罗马〕菲洛著：《论律法》，石敏敏译，北京：中国社会科学出版社，2007。

5. 〔法〕约翰·加尔文著：《基督教要义》（上、中、下），徐庆誉、谢秉德译，基督教文艺出版社，2001年初版（简体增订）。

6. 〔德〕路德、〔法〕加尔文著：《论政府》，吴玲玲译，贵阳：贵州人民出版社，2004。

7. 〔德〕莱布尼兹著：《神义论》，朱雁冰译，北京：生活·读书·新知三联书店，2007。

8. 〔英〕温汉著：《旧约神学与文学：五经》，尹妙珍译，香港：天道书楼有限公司，2008。

9. 〔美〕米耶斯著：《〈出埃及记〉释义》，田海华译，上海：华东师范大学出版社，2008。

10. 〔美〕T·D·亚历山大著：《摩西五经导论：从伊甸园到应许之地》（第二版），刘平、周永译，上海：上海人民出版社，2008。

11. 〔德〕朋霍菲尔著：《第一亚当与第二亚当》，朱冰雁、王彤译，北京：华夏出版社，2007。

12. 〔瑞士〕拉加茨著：《上帝国的信息》，朱冰雁译，北京：华夏出版社，2006。

13. 〔德〕特洛尔奇著：《基督教理论与现代》，朱冰雁等译，北京：华夏出版社，2004。

14. 〔美〕奥尔森著：《基督教神学思想史》，吴瑞诚、徐成德译，北京：北京大学出版社，2003。

15. 〔美〕科林·布朗著：《基督教与西方思想》，卷一，查常平译，北京：北京大学出版社，2005。

16. 〔美〕威尔肯斯、帕杰特著：《基督教与西方思想》卷二，刘平译，北京：北京大学出版社，2005。

17. 〔英〕约翰·德雷恩著：《旧约概论》，许一新译，北京：北京大学出版社，2004。

18. 〔美〕布鲁斯·雪莱著：《基督教会史》，刘平译，北京：北京大学出版社，2004。

19. 〔加〕戈登·菲、〔美〕道格拉斯·斯图尔特著：《圣经导读——解释原则》（第三版），上，巍启源等译，北京：北京大学出版社，2005。

20. 〔加〕戈登·菲、〔美〕道格拉斯·斯图尔特著：《圣经导读——按卷读经》，李瑞萍译，北京：北京大学出版社，2005。

21. 〔美〕亚伯拉罕·柯恩著：《大众塔木德》，盖逊译，济南：山东大学出版社，2000。

22. 〔美〕雅各·纽斯纳著：《犹太教》，周伟驰译，上海：上海古籍出版社，2008。

23. 〔德〕利奥·拜克著：《犹太教的本质》，傅永军、于健译，济南：山东大学出版社，2002。

24. 〔美〕亚伯拉罕·海舍尔著：《觅人的上帝》，吴正选译，济南：山东大学出版社，2003。

25. 〔德〕马丁·布伯著：《论犹太教》，刘杰等译，济南：山东大学出版社，2002。

26. 〔美〕赫尔斯玛著：《加尔文传》，王兆丰译，北京：华夏出版社，2006。

27. 〔英〕托马斯·麦克里著：《诺克斯传》，宏恩译，北京：华夏出版社，2006。

28. 〔古希腊〕柏拉图著：《理想国》，郭斌和、张竹明译，北京：商务印书馆，2002。

29. 〔古希腊〕柏拉图著：《巴曼尼得斯篇》，陈康译注，北京，商务印书馆，2008。

30. 〔古希腊〕亚里士多德著：《政治学》，吴寿彭译，北京：商务印书馆，1996。

31. 〔古罗马〕查士丁尼著：《法学总论——法学阶梯》，张企泰译，北京，商务印书馆，1996。

32. 〔古罗马〕西塞罗著：《国家篇　法律篇》，沈叔平、苏力译，北京：商务印书馆，2002。

33. 〔中世纪〕托马斯·阿奎那著：《阿奎那政治著作选》，马请槐译，北京：商务印书馆，2007。

34. 〔意〕尼科洛·马基雅维里著：《君主论》，潘汉典译，北京：商务印书馆，2005。

35. 〔荷〕斯宾诺萨著：《神学政治论》，温锡增译，北京：商务印书馆，1997。

36. 〔英〕霍布斯著：《利维坦》，黎思复、黎廷弼译，北京：商务印书馆，1997。

37. 〔英〕洛克著：《政府论》，上篇，瞿菊农、叶启芳译，北京：商务印书馆，2004。

38. 〔英〕洛克著：《政府论》，下篇，瞿菊农、叶启芳译，北京：商务印书馆，1995。

39. 〔英〕洛克著：《论宗教宽容》，吴云贵译，北京：商务印书馆，1996。

40. 〔法〕孟德斯鸠著：《论法的精神》，上、下册，张雁深译，北京：商务印书馆，1995。

41. 〔法〕孟德斯鸠著：《罗马盛衰原因论》，婉玲译，北京：商务印书馆，1997。

42. 〔美〕汉密尔顿、杰伊、麦迪逊著：《联邦党人文集》，程逢如等译，北京：商务印书馆，1995。

43. 〔英〕休谟著：《道德原则研究》，曾晓平译，北京：商务印书馆，2002。

44. 〔法〕卢梭著：《社会契约论》，何兆武译，北京：商务印书馆，2006。

45. 〔德〕康德著：《法的形而上学原理——权利的科学》，沈叔平译，北京：商务印书馆，2002。

46. 〔法〕托克维尔著：《论美国的民主》，上卷、下卷，董果良译，北京：商务印书馆，1991。

47. 〔法〕托克维尔著：《旧制度与大革命》，冯棠译，北京：商务印书馆，1996。

48. 〔法〕博洛尔著：《政治的罪恶》，蒋庆等译，北京：改革出版社，1999。

49. 〔德〕马克斯·韦伯著：《新教伦理与资本主义精神》，于晓、陈维纲译，北京：生活·读书·新知三联书店，1987。

50. 〔德〕马克斯·韦伯著：《韦伯作品集：古犹太家》，康乐、簡惠美译，桂林：广西师范大学出版社，2007。

51. 〔美〕伯尔曼著：《法律与宗教》，梁治平译，北京：中国政法大学出版社，2002。

52. 〔美〕伯尔曼著：《法律与革命——西方法律传统的形成》，贺卫方等译，北京：中国大百科全书出版社，1996。

53. 〔美〕伯尔曼著：《法律与革命：新教改革对西方法律传统的影响》，第二卷，袁瑜琤、苗文龙译，北京：法律出版社，2008。

54. 〔美〕沃格林著：《没有约束的现代性》，张新樟、刘景联译，上海，华东师范大学出版社，2007。

55. 〔美〕沃格林著：《希腊化、罗马和早期基督教》，谢华育译，上海：华东师范大学出版社，2007。

56. 〔美〕沃格林著：《中世纪晚期》，段保良译，上海：华东师范大学出版社，2008。

57. 〔美〕沃格林著：《以色列与启示》，霍伟岸、叶颖译，南京，译林出版社，2009。

58. 〔美〕达格拉斯·F·凯利著：《自由的崛起：16-18世纪，加尔文主义和五个政府的形成》，王怡、李玉臻译，南昌：江西人民出版社，2008。

59. 〔英〕弗里德里希·冯·哈耶克著：《律法、立法与自由》，第一卷，邓正来等译，北京：中国大百科全书出版社，2001。

60. 〔美〕列奥·斯特劳斯著：《自然权利与历史》，彭刚译，北京：生活·读书·新知三联书店，2003。

61. 〔美〕列奥·斯特劳斯、约瑟夫·克罗波西主编：《政治哲学史》（上、下册），李天然等译，石家庄：河北人民出版社，1998。

62. 〔美〕约翰·罗尔斯著：《正义论》，何怀宏等译，北京：中国社会科学出版社，1988。

63. 〔法〕雷蒙·阿隆、丹尼尔·贝尔等著：《托克维尔与民主精神》，金烨译，北京：社会科学文献出版社，2008。

64. 〔美〕文森特·奥斯特罗姆著：《复合共和制的政治理论》，毛寿龙译，上海：上海三联书店，1996。

65. 〔美〕萨拜因著：《政治学说史》，上册，盛葵阳、崔妙因译，北京：商务印书馆，1986。

66. 〔美〕萨拜因著：《政治学说史》，上册，刘山等译，北京：商务印书馆，1990。

67. 〔法〕雷蒙·阿隆著：《社会学主要思潮》，葛智强等译，上海：上海译文出版社，1988。

68. 〔美〕W·布莱福特著：《"五月花号公约"签订始末》，王军伟译，上海：华东师范大学出版社，2006。

69. 〔美〕汉密尔顿等著：《美国宪法原理》，严欣淇译，北京：中国法制出版社，2005。

70. 〔美〕丹尼尔·J·布尔斯廷著，《美国人：殖民地历程》，时殷弘等译，上海：上海译文出版社，2009。

71. 〔美〕丹尼尔·J·布尔斯廷著，《美国人：建国的历程》，谢廷光等译，上海：上海译文出版社，2009。

72. 〔美〕C·H·麦基文著：《宪政古今》，翟小波译，贵阳：贵州人民出版社，2002。

73. 〔美〕约瑟夫·斯托里著：《美国宪法评注》，毛国权译，上海：上海三联书店，2005。

74. 〔德〕卡尔·施米特著：《宪法学说》，刘锋译，上海：上海人民出版社，2005。

75. 〔英〕K·C·惠尔著：《现代宪法》，翟小波译，北京：法律出版社，2006。

76. 〔英〕杰弗里·马歇尔著：《宪法理论》，刘刚译，北京：法律出版社，2006。

77. 〔美〕劳伦斯·H·却伯、多尔夫著：《解读宪法》，陈林林、储智勇译，上海：上海三联书店，2007。

78. 〔美〕文森特·奥斯特洛姆著：《美国联邦主义》，王建勋译，上海：上海三联书店，2003。

79. 〔美〕赫伯特·J·斯托林著：《反联邦党人赞成什么——宪法反对者的政治思想》，汪庆华译，北京：北京大学出版社，2006。

80. 〔德〕海因里希·罗门著：《自然法的观念史和哲学》，姚中秋译，上海：上海三联书店，2007。

81. 〔美〕布鲁斯·阿克曼著：《我们人民：宪法的根基》，孙力，张朝霞译，北京：法律出版社，2004。

82. 〔美〕布鲁斯·阿克曼著：《我们人民：宪法变革的原动力》，孙文恺译，北京：法律出版社，2003。

83. 〔美〕罗伯特·达尔著：《美国宪法的民主批判》，佟德志译，北京：东方出版社，2007。

84. 〔美〕乔治·P·弗莱切著：《隐藏的宪法：林肯如何重新铸定美国民主》，陈绪纲译，北京：北京大学出版社，2009。

85. 〔美〕小詹姆斯·R·斯托纳著：《普通法与自由主义理论：柯克、霍布斯及美国宪政主义诸源头》，姚中秋译，北京：北京大学出版社，2005。

86. 〔美〕肯尼斯·W·汤普森编：《宪法的政治理论》，张志铭译，北京：生活·读书·新知三联书店，1997。

87. 〔美〕卡尔·J·弗里德里希著：《超验正义——宪政的宗教之维》，周勇、王丽芝译，北京：生活·读书·新知三联书店，1997。

88. 〔美〕斯蒂芬·L·埃尔金、卡罗尔·爱德华·索乌坦编：《宪政新论——为美好的社会设计政治制度》，周叶谦译，北京：生活·读书·新知三联书店，1997。

89. 〔美〕阿兰·S·罗森鲍姆编著：《宪政的哲学之维》，郑戈、刘茂林译，北京：生活·读书·新知三联书店，2001。

90. 〔美〕付里·亚历山大等编著：《宪政的哲学基础》，付子堂等译，北京：中国政法大学出版社，2006。

91. 〔澳〕布论南、〔美〕布坎南著：《宪政经济学》，冯克利等译，北京：中国社会科学出版社，2004。

中文论著

1. 范亚峰编著：《政治神学文选》，北京：内部资料，2005。

2. 赵敦华著：《基督教哲学1500年》，北京：人民出版社，1994。

3. 杨克勤著：《末世与盼望》，北京：宗教文化出版社，2007。

4. 彭小瑜著：《教会法研究》，北京：商务印书馆，2003。

5. 刘小枫编著：《当代政治神学文选》，蒋庆等译，长春：吉林人民出版社，2002。

6. 梁漱溟著：《东西文化及其哲学》，北京：商务印书馆，1999。

7. 田默迪著：《东西方之间的法律哲学》，北京：中国政法大学出版社，2004。

8. 梁治平著：《法辨：中国法的过去、现在与未来》，北京：中国政法大学出版社，2002。

9. 梁治平著：《寻求自然秩序中的和谐》，北京：中国政法大学出版社，1997。

10. 许章润等著：《法律信仰：中国语境及其意义》，桂林：广西师范大学出版社，2003。

11. 夏洞奇著：《尘世的权威：奥古斯丁的社会政治思想》，上海：上海三联书店，2007。

12. 林国基著：《神义论语境中的社会契约论传统》，上海：上海三联书店，2005。

13. 罗玉中、万其刚、刘松山著：《人权与法制》，北京：北京大学出版社，2001。

14. 张君劢著：《宪政之道》，北京：清华大学出版社，2006。

15. 萧公权著：《宪政与民主》，北京：清华大学出版社，2006。

16. 龚祥瑞著：《比较宪法与行政法》，北京：法律出版社，2003。

17. 沈宗灵著：《比较宪法——对八国宪法的比较研究》，北京：2002。

18. 李卫东著：《法治秩序的建构》，北京：中国政法大学出版社，1999。

19. 李卫东著：《宪政新论——全球时化时代的法与社会变迁》，北京：北京大学出版社，2002。

20. 夏勇著：《人权概念的起源——权利的历史哲学》（修订版），北京：中国政法大学出版社，2001。

21. 王利著：《国家与正义》，上海：上海人民出版社，2007。

22. 王怡著：《宪政主义：观念与制度的转换》，济南：山东人民出版社，2006。

23. 秋风著：《立宪的技艺》，北京：北京大学出版社，2005。

24. 钱福臣著：《美国宪政生成的深层背景》，北京：法律出版社，2005。

25. 张千帆著：《西方宪政体系：上册·美国宪法》（第二版），北京：中国政法大学出版社，2004。

26. 张千帆著：《宪法学导论》（第二版），北京：法律出版社，2008。

27. 渠敬东编：《现代政治与自然》（"思想与社会"丛书第3辑），上海：上海人民出版社，2003。

28. 赵晓力编：《宪法与公民》（"思想与社会"丛书第4辑），上海：上海人民出版社，2004。

29. 洪涛、丁坛编：《现代政治与道德》（"思想与社会"丛书第5辑），上海：上海人民出版社，2005。

30. 崇明编：《托克维尔：民主的政治科学》（"思想与社会"丛书第6辑），

上海：上海人民出版社，2006。

31. 刘军宁主编：《市场逻辑与国家观念》，北京：生活·读书·新知三联书店，1995。

32. 刘军宁主编：《市场社会与公共秩序》，北京：生活·读书·新知三联书店，1996。

33. 刘军宁主编：《经济民主与经济自由》，北京：生活·读书·新知三联书店，1997。

34. 刘军宁主编：《自由与社会》，北京：生活·读书·新知三联书店，1998。

35. 王炎主编：《宪政主义与现代国家》，北京：生活·读书·新知三联书店，2003。

英文文献

1. ALAN P.F.SELL and DAVID J.HALL and IAN SELLERS, Protestant Nonconformist Texts Volume 2, Aldershot, Ashgate Publishing Limited, 2006.

2. Alister E. McGrath, REFORMATION THOUGHT: An Introduction (SECOND EDTION), Massachusetts, Basil Blackwell Inc. 1993.

3. Andrew Huxley Edited, RELIGION, LAW AND TRADITION: Comparative studies in religious law, London, Routledge Curzon, 2002.

4. ANDREW LINTOTT, The Constitution of the Roman Republic, New York, OXRORD UINIVERSITY PRESS, 1999.

5. Andrew Delbanco, The Pruitan Ordeal,Cambirdge, Harvard University Press, 1991.

6. Alfred H. Kelly & Winfred A. Harbison, THE American Constitution: Its Origins and Development, FIFTH EDITION, New York, W.W.NORTON & COMPANY. INC 1976.

7. Arthur Hertzberg Edited and Interpreted, JUDAISM The Key Spiritual Writings of the Jewish Trudition, The Revised Edition, New York, SIMON & SCHUSTER, 1991.

8. AUSTIN SARAT and THOMAS R. KEARRS Edited,Law in the Domains of Culture, Ann Arbor, THE UNIVERSITY OF MICHIGAN PRESS, 1998.

9. Barbara Allen, Tocquewille, Covenant, and the Democratic Revolution: Harmonizing Earth with Heaven, OXFORD, LEXINGTON BOOKS, 2005.

10. Daniel J. Elazar, Covenant & Polity in Biblical Israel: BIBLICAL FOUNDATIONS & JEWISN EXPRESSIOONS, Volume I of the covenant Tradition in Politics, New Brunswick (U.S.A.) and London (U.K.), New Jersey, 1995.

11. Daniel J. Elazar, Covenant & Commonwealth: From Christian Separation

through the Protestant Reformation, The covenant Tradition in Politics Volume II, New Brunswick (U.S.A.) and London (U.K.), New Jersey, 1996.

12. Daniel J. Elazar, Covenant & Constitutionalism, The Great Frontier and the Matrix of Federal Democracy, The covenant Tradition in Politics Volume III, New Brunswick (U.S.A.) and London (U.K.), New Jersey, 1998.

13. David Mcllroy, Christian Perspectives: A Biblical View of Law and Justice, Bletchley, Paternoster Press, 2004.

14. DAVID G. BROMLEY Edited, RELITION AND THE SOCIAL ORDER: NEW DEVELOPMENTS IN THEORY AND RESEARCH, VULUME 1.Greenwich Connecticut, JAI PRESS INC. 1991.

15. David Hartman, A LIVING COVENANT: The Innovative Spirit in Traditional Judaism, NEW YORK, THE FREE PRESS, 1985.

16. David Novak, COVENANTAL RIGHTS: A STUDY IN JEWISH POLITICAL THEORY, PRINCETON, PRINCETON UNIVERSTY PRESS, 2000.

17. DELBERT R. HILLERS, COVENANT: THE HISTORY OF A BIBLICAL IDEA, BALTIMORE, THE JOHANS HOPKINS PRESS, 1969.

18. Earl Latham, The Declaration of Independence and the Constitution, D. C. HEATH AND COMPANY, Lexington, 1976.

19. Eberhard Schockenhoff, Natural Lwa & Human Dignity: University Ethics in an Historical World, translated by Brian Washington, D. C. The Catholic University of America Press, 2003.

20. EDWARD DUMBAULD, THE CONSITUTION OF THE UNITED STATES, NORMAN, UNIVERSITY OF OKLAHOMA PRESS, 1964.

21. Ellis Sandoz, A GOVERNMENT OF LAWS political Theory, Religion,and the American Founding, Baton Rouge, Louisiana State University Press, 1990.

22. Glenn Tinder, The Political Meaning of Christianity: An Interpretation, Raton Rouge, Louisiana State University Press, 1989.

23. Hannah K. Harrington, HOLINESS: Rabbinic Judaism and the Graeco-Roman world, New York, Routledge 2001.

24. HANNIS TAYLOR, THE ORUIGIN AND GROWTH OF THE AMERICAN CONSTITUTION: An Historical Creatise, Littleton, Fred B. Rothman Co, 1998.

25. HANNIS THYLOR, THE ORIGIN AND GROWTH OF THE AMERICAN CONSTITUION: An Historical Treatise, Littleton, Fred B Rothman Co. 1998.

26. HANS URS VON BALTHASAR, THE GLORY OF THE LORD: A THEOLOGICAL AESTHETICS, VOLUME VI: THEEOLOGY: THE OLD COVENANT, Translated by Brian McNeil C.R.V. and Erasmo Leiva-Merikakis, Edited by John Riches, SAN FRANCISCO, IGNATIUS

PRESS, 1991.

27. HENRY JACKSON FLANDERS & JR. ROBERT WILSON CREAPPS DAVID ANTHONY SMITH, PEOPLE OF THE COVENANT: An introduction to the Old Testament, New York, OXFORD UNIVERSITY PRESS, 1988.

28. James K. A. Smith and James H. Olthuis Edited, RADICAL ORTHODOXY and the REFOMED TRADITION: CREATIN, COVENANT, and PRATICIPATION, Michigan, Baker Academic, 2005.

29. John Coffey and PAUL C.H.Lim Edited, THE CAMBRIDGE COMPANION TO PURITANISM, New York, Cambridge University Press, 2008.

30. J. Wayne Baker, Heinrich Bullingger and the Covenant: THE OTHER REFORMED TRADITION, Ohio, Ohio University Press, 1980.

31. J. W. PELTASON, CORWIN & PELTASON'S Understanding the Constitution, New York, CBS COLLEGE PUBLISHING, 1985.

32. JOHN SHELBY SPONG, liberating the Gospels: reading the Bible with Jewish Eyes, New York, Harper San Francisco, 1996.

33. Joseph A. Edelheit Edited,The Life of Covenant: The challenge of Contemporary Judaism-Essays in Honor of Herman E. Schaalman, CHICAGO, SIJ, 1986.

34. Klaus Baltzer, THE COVENANT FORMULARY: IN OLD TESTAMENT, JEWISH, AND EARLY CHRISTIAN WRITINGS, Translated by DAVID E. GREEN, PHILADELPHIA, FORTRESS PRESS, 1971.

35. LARRY ALGEXANDER EDITED, CONSTITUTIONNALISM Philsophical Foundations, Cambridge, CAMBRIDGE UNIVERSITY PRESS, 1998.

36. M. E. SHARPE Edited, RELIGION AND HUMAN RIGHTS: Competing Claims? M. E. SHARPE, New York, Armonk, 1999.

37. MICHAEL KAMMEN Edited, THE ORIGINS OF AMERICAN CONSTITUTION: A Documentary History, New York, PENGUIN BOOKS, 1986.

38. OTTO GIERKE, NATURAL LAW AND THE THEORY OF SOCIETY: 1500 TO 1800, VOLUME I, Cambridge, Cambridge University Press, 1934.

39. OTTO GIERKE, NATURAL LAW AND THE THEORY OF SOCIETY: 1500 TO 1800, VOLUME II, Cambridge, Cambridge University Press, 1934.

40. Peter Scott and William T. Cavanaugh Edited, The Blackwell Companion to Political Compaion, Malden, Blackwell Publishing, 2004.

41. HANNIS THYLOR, THE ORIGIN AND GROWTH OF THE AMERICAN CONSTITUION: An Historical Treatise, Littleton, Fred B Rothman Co. 1998.

42. IAN WARD, Justice, Humanity and the New world Order, Hampshire, Ashgate Published Limited, 2003.

43. PAUL W. KAHN, THE CULTURAL STUDY OF LAW: Reconstructing Legal Scholarship, Chicago, The University of Chicago Press, 1999.

44. RICHARD A. MULLER After Calvin Studies in the Development of a Theological Tradition, New York, OXFORD UNIVERSITY PRESS, 2003.

45. Roger D. Masters, Margaret Gruters Edited, THE SENSE OF JUSTICE: Biological Foundations of Law, Newbury Park, International Educational and Professional Publisher, 1992.

46. R.TUDUR JONES and ARTHUR LONG and ROSEMARY Edited, Protestant Nonconformist Texts Volume 1 1550 to 1700, Aldershot, Ashgate Publishing Limited, 2007.

47. SHEFA GOLD, TORAH JOURNEYS: AN INNER PATH TO THE PROMISED LAND, Teaneck, Ben Yehuda Press, 2006.

48. Shivesh C. Thakur, Religion and Social Justice, London, MACMILLAN PRESS LTD, 1996 。

49. Steven D. Smith, Law's Quandary, Cambridge, HARVARD UNIERSITY PRESS, 2004.

50. Thomas S.Engeman and Michael P. Zuckert Edited, PROTESTANTISM AMERICAN FOUNDING, Notre Dame, University of Notre Dame Press, 2004.

后　记

2010年6月，本人完成博士论文《圣约传统与美国宪政的宗教起源》。光阴似梭，自从博士毕业论文写成至今，四年半过去了。在过去的几年中，为了可以继续圣约宪政主义研究，自己尝试着做博士后，去高校做老师，进研究所等等。"人心筹算自己的道路，惟耶和华指引他的脚步"。当这些努力归于无效后，生活的逻辑终于占了上风，自己不得不放弃研究而为生活奔波。

系统、持续的研究中断了，但时不时地还会关注圣约宪政主义研究新进展。圣约宪政主义研究以圣约神学为基础。在过去的几年中，稳定而持续的教会生活及个人灵修深化了本人对于圣约宪政研究在属灵上的洞见，或许这就是上帝奇妙的计划。离开个人与上帝的亲密联接，圣约宪政主义研究也就成了无源之水。

2014年4月，承蒙范亚峰博士引荐，本人博士论文有幸收入《中国基督宗教研究丛书》，丛书策划者为北师大的张欣老师。对于我这样没有什么名气的学者而言，论文能够出版实在值得庆幸。但自知学识浅陋，起初接到张欣老师邀请时，内中颇为忐忑。一来博士论文只是提出了一个研究圣约宪政主义的框架，在很多具体问题的论证上还比较粗糙；二来博士毕业后的几年没有继续原来的研究，对于圣约宪政主义的理解整体上还停留在四年前的水平。

出版社的工作人员体恤学者修改论文的难处，提供了足够长的时间待作者从容完成修改。然而一旦投入修改，却发现无从下手。牵一发而动全身，修改论文很有一种大动手术的感受。正当自己在为如何修改而头疼时，好友高健龙博士的一番话让我颇得宽慰。学术研究无止境，博士论文只代表读博士阶段作者的认识水平和研究能力，无论存在多少缺陷和不足，论文是自己当时学术研究状况的真实反映。基于这样的考虑，除了遣词造句上的技术性修改，本书保持了博士论文完成时的面貌。

"物是人非"，论文还是当时的论文，自己的生活这几年却发生了很大变化。最为感恩的是，自己终于结束单身生活进入婚姻。感谢我的妻子小蕾姊妹！她的陪伴提供了我今后继续研究圣约宪政主义的动力。

博士论文后记对所有在写作过程中带给我帮助的老师、同学和朋友表达了谢意。借着论文出版之际，让我再一次对他们表示感谢！这里要提及王志勇牧师，感谢他提供了大量改革宗圣约神学的研究资料。

感谢我的本科同学范亚峰博士！选择圣约宪政主义作为研究主题，在很大程度上要归功于他的引领。此书的出版见证了我们长达二十余年的交往。"亦友亦师"很可以概括亚峰兄之于我的关系。